游问云冈

王炬华 著

江苏凤凰美术出版社

图书在版编目（CIP）数据

游问云冈 / 王烜华著. -- 南京 : 江苏凤凰美术出版社, 2024. 11. -- ISBN 978-7-5741-2398-4

Ⅰ. K879.22

中国国家版本馆CIP数据核字第2024JW3075号

选题策划	毛晓剑
责任编辑	陆鸿雁
项目协力	孟一凡
特邀审读	叶爱国
装帧设计	朱静璇
责任校对	刘秋文
责任监印	生 嫄
摄　影	张旭云
责任设计编辑	郭 渊

书　　名	游问云冈
著　　者	王烜华
出版发行	江苏凤凰美术出版社（南京市湖南路1号　邮编：210009）
制　　版	南京新华丰制版有限公司
印　　刷	苏州市越洋印刷有限公司
开　　本	787 mm×1092 mm　1/32
印　　张	6.25
版　　次	2024年11月第1版
印　　次	2024年11月第1次印刷
标准书号	ISBN 978-7-5741-2398-4
定　　价	68.00元

营销部电话　025-68155675　营销部地址　南京市湖南路1号
江苏凤凰美术出版社图书凡印装错误可向承印厂调换

前言

云冈石窟坐落于大同市以西16千米的武州山南麓。石窟依山开凿,东西绵延约1千米,现存洞窟254个,雕刻面积18000多平方米,各类人物造像59000多尊,还保存了大量表现佛国景象的仿建筑雕刻和装饰图案,是中国最大的古代皇家石窟寺院。

云冈石窟艺术以规模宏大、题材多样、雕刻精美、内涵丰富而驰名中外;以典型的皇家风范造像而异于其他早期石窟;以融汇东西、贯通南北的鲜明的民族化进程为特色,在中国石窟艺术中独树一帜(图1)。石窟以大量的实物形象和文字史料,从不同侧面展示了公元5世纪中叶至6世纪初中国石窟艺术风格及中国北方地区宗教信仰的重大发展变化。

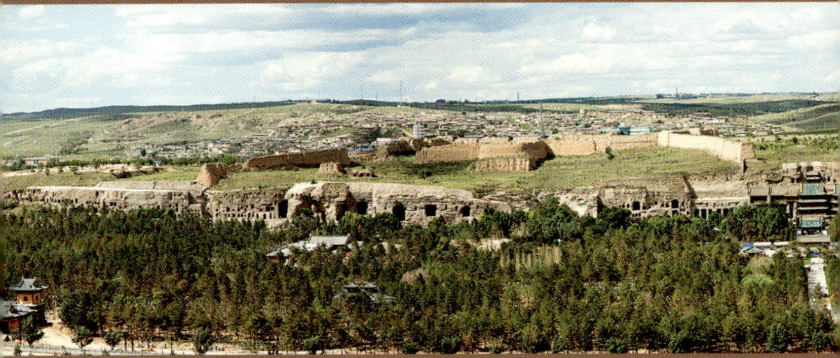

图 1 云冈石窟全景

石窟开凿于公元 5 世纪中叶的北魏繁荣时期。《魏书》记载，时任沙门统的昙曜向皇帝禀告，京城西武州山五所洞窟内的造像"高者七十尺，次六十尺，雕饰奇伟，冠于一世"。得到文成帝的重视后，武州山石窟寺的营建得到了国家力量的保障。经过拓跋濬、拓跋弘和拓跋宏三代皇帝，

开凿

公元 5 世纪中叶

以国家力量为保障，全力投入武州山石窟寺的营建

发展

拓跋濬、拓跋弘和拓跋宏三代皇帝

停歇

**公元 494 年
迁都洛阳后**

大规模的营造活动停歇下来，但小窟龛像的雕凿还在继续

停止

**北魏正光年间
（约 520—525）**

到公元 494 年孝文帝迁都洛阳后，大规模的营造活动停歇下来，但小窟龛像的雕凿还在继续，一直到 6 世纪的北魏正光年间（约 520—525）才完全停止。

千百年来，云冈石窟以其巨大的艺术影响力受到世人的瞩目。古代地理学家郦道元

在《水经注》中这样描述云冈石窟:"武州川水又东南流,水侧有石祇洹舍并诸窟室,比丘尼所居也。其水又东转,径灵岩南,凿石开山,因岩结构,真容巨壮,世法所稀,山堂水殿,烟寺相望,林渊锦镜,缀目新眺。"《续高僧传·昙曜传》说:"去恒安西北三十里武州山谷北面石崖,就而镌之,建立佛寺,名曰灵岩。龛之大者,举高二十余丈,可受三千许人。面别镌像,穷诸巧丽;龛别异状,骇动人神。栉比相连,三十余里。"从以上描述中,我们看到了古代云冈石窟的壮丽景象。

作为世界最大的佛教石窟艺术大作之一,云冈石窟和敦煌莫高窟、龙门石窟等其他石窟艺术一道,反映了佛教及其艺术在中国的发生与发展。它所创造的佛、菩萨、罗汉、护法,以及

游问云冈

佛本行、佛本生乃至因缘等各种故事，都是通过具体人物的生活形象而创造出来的。因此，它与同时代人们的生活以及社会的发展变化有着千丝万缕的联系。不同时期所开凿的石窟，反映了不同时期的社会发展状况。与较为艰涩的佛经相比，它能使佛教思想形象化，因而更易于被人们所理解和接受。与此同时，无论是人物形象的刻画，还是仿建筑雕刻的塑造，无不体现了公元5世纪中华民族大团结乃至中西文化交流所结出的丰硕成果。

今天，云冈石窟以其极高的历史价值和强大的艺术力量，成为中外游人热烈向往的游览胜地，更是广大专家学者驻足倾心之所。1961年，云冈石窟被国务院公布为全国第一批重点文物保护单位；2001年，被联合国教科文组织列入

游问云冈

世界遗产名录。

本书将云冈石窟中编号第 1 窟至第 20 窟的主要内容以简洁的文字配以适量的照片介绍给观众,试图通过明确的导引说明,使参观者在较短的时间内了解云冈石窟艺术的精华所在;并通过大家的理解和传递,让这一体现中华民族"有容乃大"的文化经典,在新时代发挥其应有的作用。

目录

001 前言

001 第一章　东部窟区

021 第二章　中部窟区

139 第三章　西部窟区　东段石窟

.4 .3

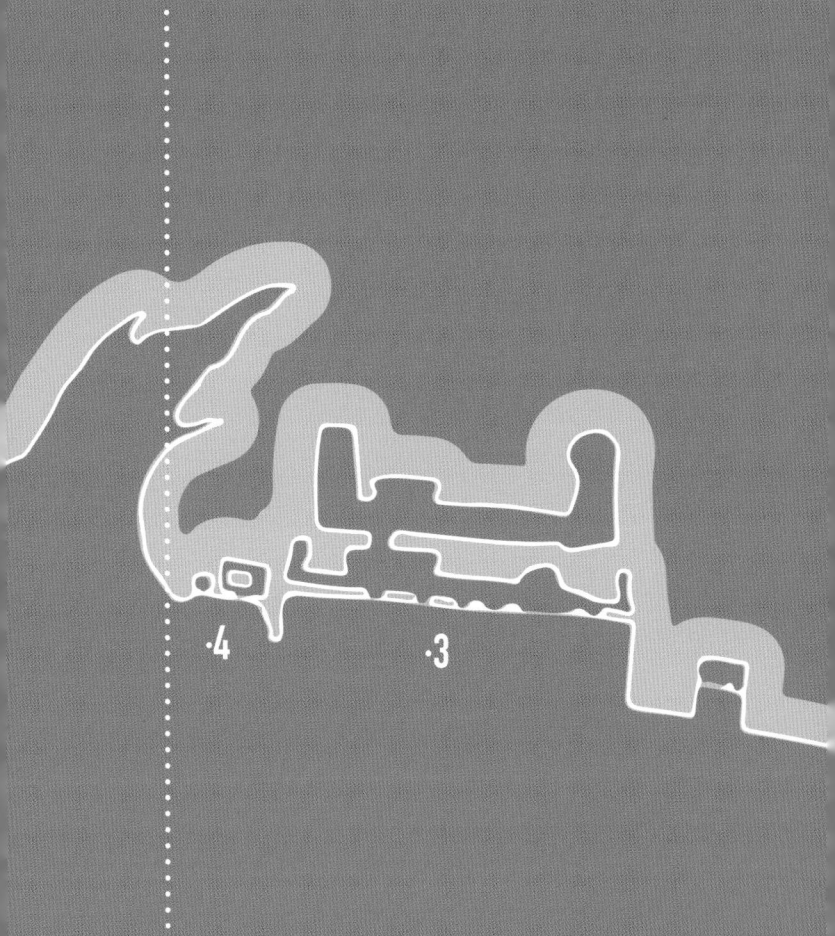

第一章

东部窟区

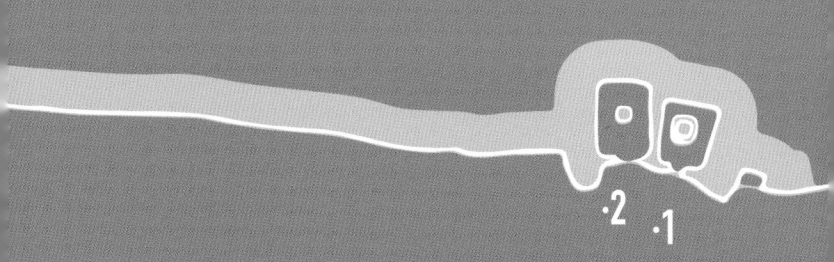

.2 .1

西部窟区东段石窟

约 120 米
主要洞窟 7 个（14-20）
附属洞窟为第 16-1、19-1、19-2

·20　·19　·18　·17　·16　·15　·14

　　云冈石窟所在的武州山依自然条件分三段，东部一段为东部窟区，约 260 米。按编号有主要洞窟 4 个，各主要洞窟的附属洞窟 21 个，共有洞窟 25 个。

游问云冈

中部窟区

约 230 米
主要洞窟 9 个（5-13）
附属洞窟 111 个

东部窟区

约 260 米
主要洞窟 4 个（1-4）
附属洞窟 21 个

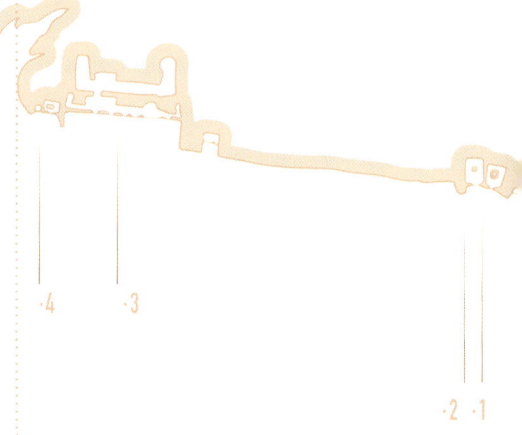

游问云冈

第 1 窟到第 4 窟有哪些精彩的部分呢？

故事方面，第 1 窟东壁雕刻着"睒道士本生"的故事，第 2 窟东壁中层残存一幅佛传故事"太子射艺"片段。

第 1 窟的窟门顶部尚存一幅二龙缠绕图，云冈仅此一例象征阴阳雌雄的设计安排。

第 3 窟的地表遗留痕迹，为我们传递了云冈在古代开凿时所使用的技术和取石途径等信息。

第 4 窟窟门和明窗呈倒"品"字形结构，是云冈石窟仅存的两个这种形制的洞窟之一。

图2 第1窟窟内景象

第1、2窟为洞窟相连、规模相当、形制相同、内容相接、设计布局一致的中心塔柱式双窟(图2)。

第 1 窟北壁盝形龛内为交脚菩萨及其两侧的思惟菩萨,象征弥勒在佛教兜率天宫的模样。

第2窟北壁风化严重，但与第1窟的布局一致，可见北壁主像为佛像及其两侧的立姿菩萨，应是象征弥勒下生成佛的形象。

图 3　第 1 窟东壁睒子本生图

第 1 窟东壁中层四座大龛下，雕刻着"睒道士本生"的故事，现存两幅（图 3）。第一幅为国王骑马出城打猎图，第二幅是睒子披鹿皮在河边为父母汲水被国王误射的画面。此故事较多的图像出现在第 9 窟前室下层。

游问云冈

图 4　第 2 窟东壁太子射艺图

第 2 窟东壁中层残存一幅太子兄弟三人拉弓射箭图，是佛传故事"太子射艺"片段（图 4）。此故事较多的图像出现在第 6 窟中心塔柱下层的大龛两侧和东南两壁的下层。

作为双窟，第1、2窟的窟门顶部均雕刻二龙缠绕图，但因风化坍塌，第2窟的形象仅残存片段，第1窟的形象虽有风化，但主体形象尚在（图5）。双龙两首相对、身躯相交，长角尖耳，厚眉短鼻，鳄吻獠牙，曲颈昂头，兽

图 5　第 1 窟窟门顶部二龙缠绕图

爪虎尾，一爪上举，一爪后蹬，躯体向两侧伸开，鳞纹清晰，间或缀以叶状云气纹。东侧的龙形下颚有山羊须，颈有菱形纹，形体略大于西边的龙形。此种象征阴阳雌雄的设计安排，云冈仅此一例。

图 6　第 3 窟外景

第 3 窟外壁设计宏伟规范，平台中央矩形石室和东西双塔尤为突出。立壁上方排列整齐的 12 个梁孔、双前室配置、后室大型造像与其他洞窟造像迥异的风格等，都给人留下深刻的印象（图 6）。

图 7　第 3 窟东前室地面遗迹

　　窟内巨大的壁面空间没有留下任何艺术雕刻内容，我们仅看到了凹凸不平的风化石壁和没有完工的地面开凿痕迹。显然，这个云冈最大的洞窟是一个没有完成的洞窟。现存的地面遗迹，为我们传递了云冈在古代开凿时所使用的技术和取石途径等信息。在东前室我们看到，窟内地面低于窟门且高低不平，呈现了大规模人工取石的场面（图7）。取石形状有方形，还有大小不同、深浅不等的圆形。有少量圆形石料未及时运走，散留在场。这些遗迹的在场，不仅为石窟开凿方法的研究提供了重要依据，而且也为采出的石料再利用方式提供了线索。近年在大同市区东南方向北魏明堂遗址的考古发掘表明，其所用部分石料质地与云冈石窟的石质相符。以此推测，北魏时期在大规模开凿云冈石窟的同时，所产生的大量石料至少有部分被用作其他工程建设。

窟内后室西部展现的"一佛二菩萨像"，应是阿弥陀佛及其左右观世音和大势至两位胁侍菩萨，是为佛教"西方三圣"（图8）。中间倚坐佛高达10米，两侧的立姿菩萨也高达6米。这三尊造像面部圆润丰满，质感很强。菩萨头戴宝冠，发髻向上梳而后下披

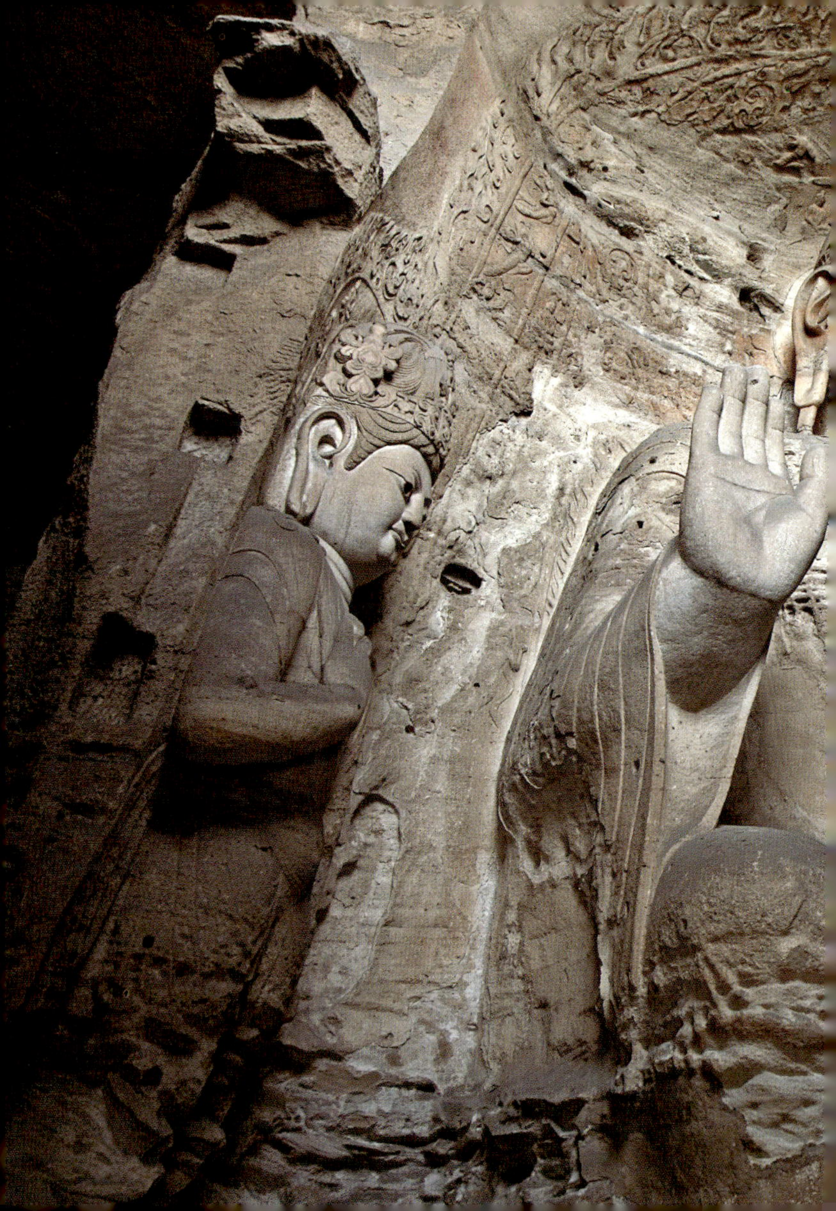

图 8　第 3 窟后室西方三圣像

两肩成辫，上额、两鬓露出的发丝根根有序。衣着贴体，袒露胸部，肩披络腋，雕刻技法为平直阶梯与凸起衣纹相结合的形式。这些均与云冈北魏时期的造像风格相近而有所不同，大约是隋唐以后追仿北魏造像的作品。

第4窟位于第3窟西侧前端，整个洞窟位于第3窟侧面向南凸出的山包之中。由于工程没有完工，洞窟内外地势凹凸不平，石窟整体形象显得异常凌乱。该窟为方形平面、置中心塔柱的"塔庙窟"。窟门高约2.1米、宽约1.8米，其上方左右各开高约1.5米、宽约1.15米的明窗，窟门和明窗呈倒"品"字形结构。这是云冈石窟仅存的两个这种形制的洞窟之一（另一个是第39窟）。它的特点是：使中心塔柱的东西两面和窟内东西两壁及塔柱后的通道明亮起来。云冈晚期洞窟的这种设计，是中心塔柱窟在整体设计构思上的一个进步。在总结早中期一门一窗（下窟门上明窗）的结构不能充分照亮窟内空间的缺陷后，建造者大胆地创造了这种新的明窗设置方式，使中心塔柱窟的内部照明问题得到较理想的解决。

该窟窟门低于窟内地面,在进入窟门后,必须于东西两侧攀上约 1.5 米的高台才能进入窟内。这显然是一座尚未完工的洞窟。窟内四壁风化严重,东西南三壁雕有一佛二菩萨及零散小龛,还有一些未完工的佛龛。窟顶风化严重,东部可见团莲及一飞天。

此窟中心塔柱东西宽约 3.3 米、南北进深约 1.9 米,呈长方体,东西南北四壁都雕有一立佛二菩萨的造像。

南壁有 100 余字的北魏正光年间(约 520—525)"为亡夫侍中造像记"造像铭记和元代延祐元年(1314)50 余字的一行人游记。目前这些石刻文字均风化不清,内容已无法识别。其中"为亡夫侍中造像记"造像铭记是目前发现的云冈石窟北魏时期最晚的造像铭记之一,对云冈石窟开凿的分期研究有着重要参考价值。

·13 ·12 ·11

第二章

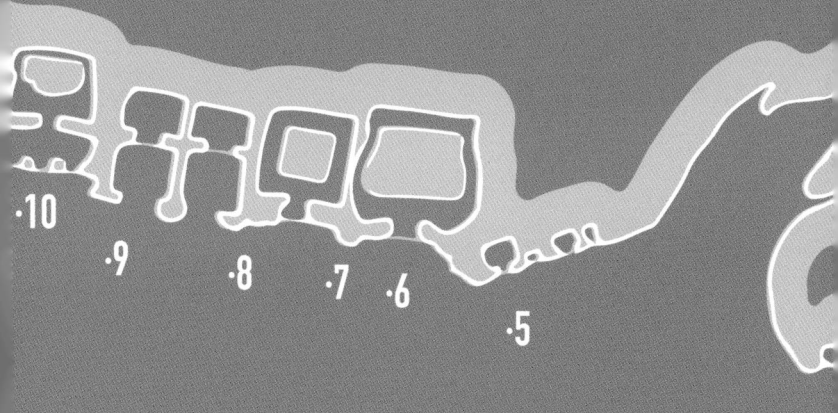

中部窟区

西部窟区东段石窟

约 120 米
主要洞窟 7 个（14-20）
附属洞窟为第 16-1、19-1、19-2

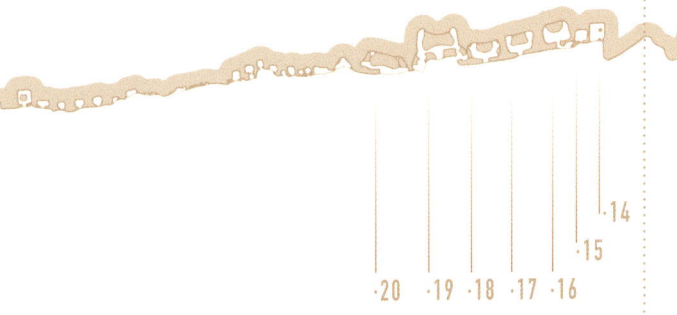

| 游问云冈

中部窟区

约 230 米
主要洞窟 9 个（5-13）
附属洞窟 111 个

东部窟区

约 260 米
主要洞窟 4 个（1-4）
附属洞窟 21 个

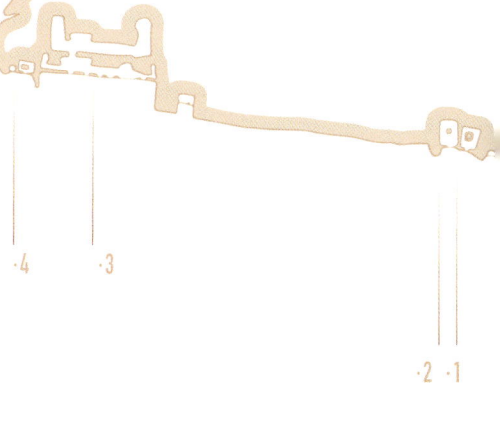

2·11 ·10 ·9 ·8 ·7 ·6 ·5   ·4   ·3   ·2 ·1

中部窟区（图9）长约230米，有主要洞窟9个，即第5窟至第13窟，另有附属洞窟111个。中部窟区保存了云冈石窟中雕刻设计最绚丽多姿的洞窟群。这里有三组规范整齐的双窟（第5、6窟，第7、8窟和第9、10窟）；有特色鲜明的列柱式洞窟（第9、10窟和第12窟）；有云冈石窟最高大的坐佛洞窟（第5窟）；有设计最严谨、雕

图9 云冈石窟中部窟区外景

刻最精细、内容最丰富、表现最突出的大型中心塔柱洞窟（第6窟）。此外，中部窟群的雕刻在多样化表现上亦有别于其他石窟区。中部窟区以石窟位置及其艺术风格可分为三个部分，即第5、6窟，第7、8窟和被合称为"五华洞"的第9、10、11、12、13窟。

一、第5、6窟

走进云冈景区腹地,远远看见武州山上黄土堡墙横亘处,两座四层青釉瓦顶的木阁楼古建筑依山而立。褪色的瓦木略显古旧,但与沧桑的山体砂岩比起来,还是鲜艳许多。有风吹过,阁楼角铃还能发出清脆的叮当声。两阁楼重建于清代顺治八年(1651),至今已过了370多年,仍巍然屹立,雄风依旧。阁楼后侧就是云冈石窟第5、6窟。

游问云冈

游问云冈

第 5 窟和第 6 窟哪里最具代表性？

第 5 窟内有云冈第一大佛，引人入胜的还有雕刻在南壁东西两端的大象背驮佛塔造像，代表了云冈艺术成熟期的主要特点。

第 6 窟是云冈最大的中心塔柱洞窟，同时也是云冈保存佛传故事最多的洞窟。

图 10
第 5 窟主佛像

图 10
第 5 窟主佛像

第 5 窟是云冈最大的穹隆顶大像窟，窟内本尊坐佛高达17.4米，是云冈第一大佛（图10）。大佛表面敷泥施彩，头顶螺钉式发髻，面、胸部金光闪闪，身披宽大袈裟，双手合于腹前呈禅定手印。东西两壁各雕立姿佛像，均举右手施无畏手印为说法相。保存较好的西壁和南壁雕满龛像，多见二佛并坐圆拱龛和交脚菩萨盝形龛。而最引人入胜的是雕刻在南壁东西两端的大象背驮佛塔造像（图11），高浮雕技法体现了云冈艺术成熟期的主要特点。

图 11 第 5 窟南壁西侧大象驮塔

图 12 第 5 窟窟门东壁单手托举金刚

图 13　第 5 窟窟门东壁上层树下二佛禅坐

第 5 窟窟门东西两壁下层是身形威武的单手托举金刚（图 12），上层各雕刻了一幅二佛像对称端坐大树下的图像（图 13）。与在云冈大量出现的根据《妙法莲花经·见宝塔品》塑造的多宝、释迦二佛并坐像不同，这里塑造了一对履行《涅槃经·圣行品》之律、在树下坐禅修行的佛像：身着袒右肩袈裟、呈禅定手印的 2 身佛陀，并排端坐于枝叶茂盛、树冠巨大的无忧树下。这里显然是用心刻画了一处静修禅法的境界：树干沧桑、树枝繁茂、树叶葱郁、树冠优美。此处的圣树源于自然而不同于自然，天空上舞动身姿的飞天紧那罗，已然与飘飞的莲花一起，迎候着芸芸众生。

一个位于第 5 窟外壁的佛陀像，由于造型出众，一直受到人们的赞美。此佛像头高约 0.45 米，肉髻高耸，长眉细目、鼻梁高直、双耳分明，嘴角两侧上翘，笑容微露，身体前倾，颔首视下，似蕴藏了极大的智慧与宽容（图 14）。此为云冈石窟中晚期的造像，其雕刻成就异常突出，要达到这种程度，绝非一朝一夕所能完成。这种在艺术上

图 14　第 5 窟外壁佛像

高度成熟的作品，是以更早期的艺术家做出艰辛的尝试和反复的实践为前提的。

第6窟是云冈最大的中心塔柱洞窟。窟内高度在14米以上，现存各类人物造像3000多身。龛像装饰琳琅满目、秩序井然（图15）。

塔柱下层南面是象征现在佛的坐佛，西面是象征下生成佛的弥勒，北面为多宝佛与释迦佛二佛并坐（图16），东面是兜率天宫里的交脚弥勒菩萨。中心塔柱上层四面皆为立佛，为佛教四方四佛。四壁上层雕出11铺一佛二菩萨及其供养众生相。尊尊佛像笑脸盈盈、庄严慈悲，身披褒衣博带式佛衣，身形挺拔、神采奕奕（图17）。

同时，第6窟也是云冈留存佛传故事最多的洞窟。第6窟围绕释迦"降生成长""成就佛道""初次说法""般若涅槃"四件大事，采用大象驮塔、连环画面、龛像组合、中心塔柱等多种艺术表现手法，表现了释迦从出生到成佛说法、巡游传播佛法至涅槃等内容。

第一部分是"降生成长"。作为释迦牟尼成佛之路"四件大事"中的铺垫，这部分既有佛陀的"神奇"诞生，又有太子的"优秀"成长。洞窟以宏大的篇幅进行了重点渲染，以中心塔柱为主，继以壁面下层的连环画面进行表述。

照佛教说法，佛陀乘六牙白象投胎于释迦族摩耶夫人。由此，在印度和犍陀罗艺术的表现中，往往有大象从天而降。而在集中反映了释迦成佛之路的云冈第6窟，虽然没有任何一幅画面雕出从天而降的大象，却在中心塔柱上层的四个角，各雕出一件大象承驮九层佛塔的作品（图18）。以这种极具空间感的立体造型表现乘象投胎，是云冈既有继承又有创新的一大艺术设计。与此同时，北魏晚期的云冈第37窟东壁佛像龛楣南侧上角，则出现了与印度和

图 15　第 6 窟中心塔柱和东壁

图 16　第 6 窟中心塔柱北面下层

图 17　第 6 窟西南壁上层一隅

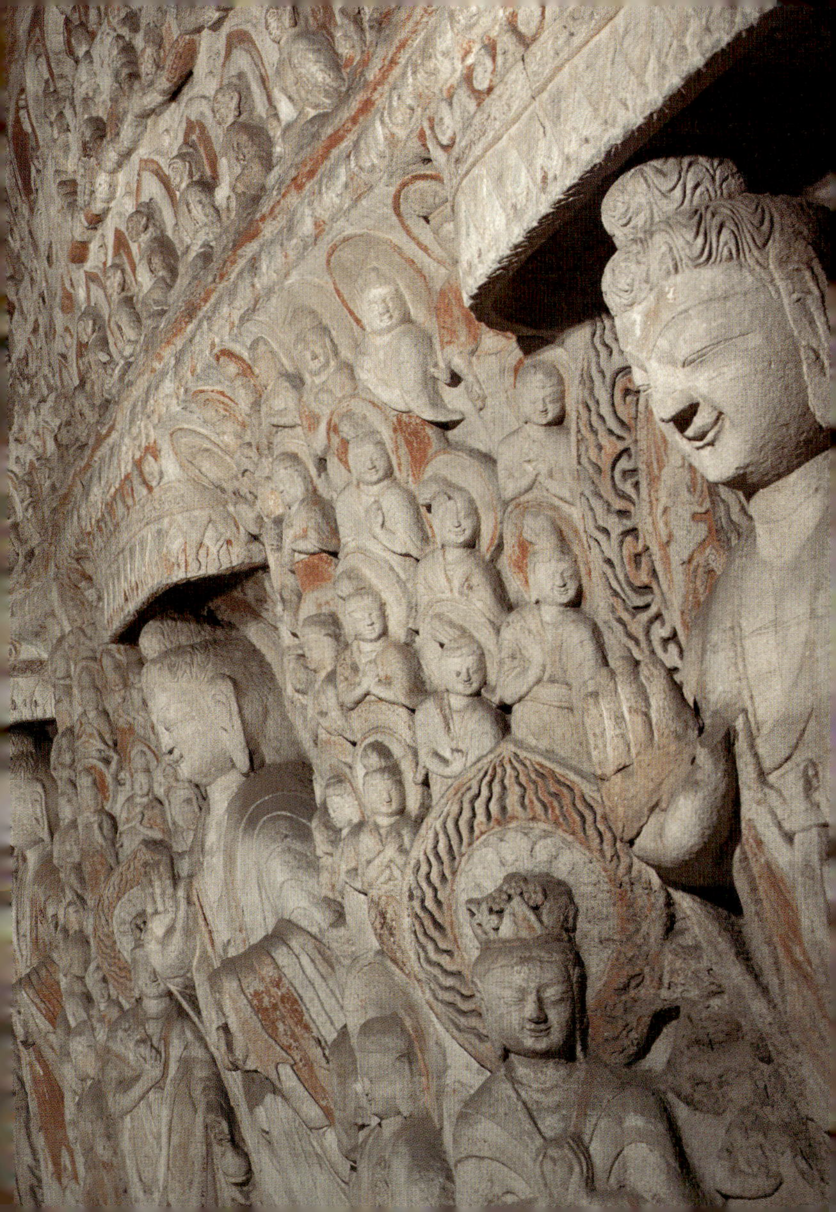

图 18　第 6 窟中心塔柱西面上层

图 19　第 37 窟东壁圆拱龛左上隅 "乘象投胎"

犍陀罗艺术较为相似的画面：摩耶夫人斜卧于榻上，榻下手持不同乐器的伎乐女子向两侧歪斜着身体。画面左上角一位菩萨抱有舟形身光的小儿（表示释迦太子）骑在前后肢伸展的大象背上，向着摩耶夫人飞奔而来（图19）。这幅出现在小型洞窟中的画面，虽然明确了题材内容，却不能替代第6窟中心塔柱上层四角大象驮塔的宏伟气势。

由此开启的释迦降生画面依次是：中心塔柱下层东面龛右内侧的"降神选择"和外侧的"相师占梦"，南面龛左的"树神现身"和龛右的"恭贺母胎"。到了塔柱西面和北面乃至东面等位置，大龛两侧依然是故事画面。西面龛左是"腋下诞生"和"七步莲花"，龛右是"九龙灌顶"和"骑象入城"。北面龛左是"阿私陀占相"和"姨母养育"，龛右是"三时殿"和"太子骑象"。东面龛左是"父母教诲"和"大学堂"。

"腋下诞生"图（图20）位于中心塔柱西面的龛左外侧。画面中，一棵枝干横向展开的"菩提树"覆盖四人，中心人物是被赋予菩萨装束的摩耶夫人，她站在树下，双腿略

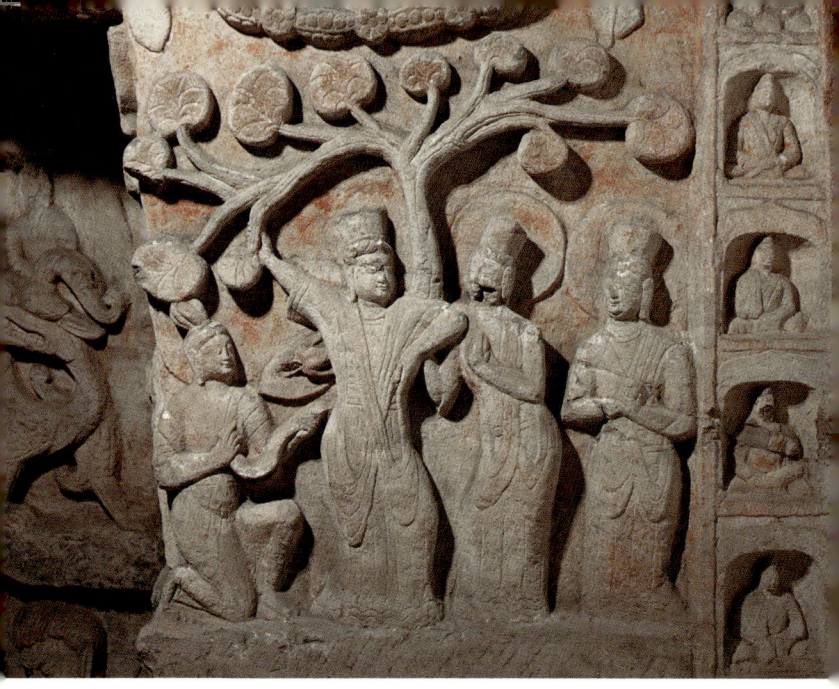

图20 第6窟中心塔柱西面下层龛左"腋下诞生"

屈膝,左手抚着肚子,右手向上伸直抓扶树枝,腋下雕出半个身子的小释迦牟尼。右侧一位胡跪人物正欲以双手接住将出生的"佛陀",左侧两位供养天人作祝福和帮助状。史籍显示,释迦牟尼的诞生地是蓝毗尼园,位于现在印度边界附近的尼泊尔境内。为纪念乔达摩·悉达多的诞生,园中有公元前3世纪阿育王所建法敕石柱,石柱铭文称此地为蓝毗尼园，阿育王曾行幸至此。

"骑象入城"图（图21）位于中心塔柱西面龛右外侧。画面中心身着菩萨装束的净饭王双手抱着舟形身光的释迦太子坐于大象背上，前有持义觜笛和曲颈琵琶的伎乐天人奏乐，后有供养天人手持伞盖服侍。画面由较少的人物组成，反映了净饭王愉悦的情绪和太子入城的欢乐场面。

"阿私陀占相"图（图22）位于中心塔柱北面下层龛左外侧。画面右侧是舒相坐于束帛座上、被塑造为"梵志"形象的阿私陀仙人，他用双手将太子举于面前，仰头视太子。跪于其前方的双手合十者，应是释迦太子的父母净饭王和摩耶夫人。净饭王请婆罗门为太子占相，"有诸相好极为明净……天人世间太子为尊"。释迦太子的出生及其"相好严特"之瑞，受到大众的赞扬和惊叹。此画面将阿私陀塑造为长发高束、留山羊胡的老者梵志形象，代表了其深厚的阅历及其在年龄和智慧上不同于常人的风范。梵志是一切外道的代表。赤身露体、瘦骨嶙峋的形象代表了其怪异的特点。梵志具有超凡本领，是佛法的实践者。身

图 21　第 6 窟中心塔柱西面下层龛右 "骑象入城"

图22 第6窟中心塔柱北面下层龛左"阿私陀占相"

体修长、四肢灵活、姿势多变的形象代表了仙人的特点。

"太子骑象"图（图23）位于中心塔柱北面龛右外侧，描述了释迦太子长大后在宫中活动的情形。画面中的太子已经长大成人，头戴宝冠、身披帔帛，俨然可谓释迦菩萨。大象前方的开道者分别为演奏笛和琵琶的伎乐。同时，此种安排也出现在"七步莲花"及"骑象入城"画面中，三

图 23　第 6 窟中心塔柱北面龛右"太子骑象"

幅画面具有同样的布局、同样的二伎乐列像和同样的乐器配置。显然，这里有着设计思想上的内在联系。一方面，借吹笛的"荡涤邪秽，纳之雅正"之寓意，为太子的出世和出行而赞颂；另一方面，也反映了云冈北魏时期有"琵琶长笛曲相和"的乐器配合使用习惯。

"太子射艺"图（图24）位于东壁下层的北段。经过学文习武，释迦太子"自知射艺"，在后园"一箭过七铁鼓"。在中央靠左侧较大面积中，有三位菩萨装拉弓射箭的人物，他们屈膝提臀，似以全身力量集中于弓箭之上。此三人应是释迦太子、提婆达多和难陀三兄弟，正以大力气将箭射向对面用立杆支撑起来的三面圆鼓。这三面鼓，代表了经文中的金鼓、银鼓、铁鼓。极富生活情趣的细节是：画面中支撑第一个鼓的立杆上，一只家犬正沿杆向上爬，欲以前爪勾探鼓身。这个细节点缀，顿时使画面活跃起来。画面上方两个飞天于空中飞舞，既表达神的相助，又充实了画面空间。

"宫中欢娱"图（图25）位于东壁下层的中段。净饭

图 24　第 6 窟东壁下层北段 "太子射艺"

王不仅为太子娶妻纳妃，还以"更增伎女而娱乐之"的办法，欲使太子安心在宫中生活，以便继承王位，但太子对此无动于衷。画面中释迦太子坐于雕刻精美、装饰华丽的宫殿的床榻上，宫殿外，众宫女及正嬉戏打耍。宫殿右侧两个人物，相拥而坐，其中一人坐在另一人的右腿上，并以左手搂住对方脖颈，二人手臂交搭在一起，表现出十分亲密

图25　第6窟东壁下层中段"宫中欢娱"

的样子。画面下角的两个人物已是"酩酊大醉"了，其中一人右腿翘起，架在左腿之上半躺在地。另一人手拿酒壶，两腿屈膝向前蹲下，冲着半躺在地者灌酒。宫殿台阶下的两个人物，正各自玩耍观看。尽管因面积所限，场面人物数量不多，但设计者选取了人们并不陌生的生活片段加以展示，使场面热烈欢快、意趣盎然。

太子请求出宫得到净饭王的应允后，"出东门遇老人"，"出南门遇病人"，"出西门遇死人"（图26），这些画面依次安排在"宫中欢娱"图之后。出宫后眼见生老病死之苦，太子回宫忧郁不乐，大家用尽"浑身解数"对太子进行劝导，试图使太子接受"五欲之乐"而"不绝王嗣"，但太子言"畏老病生死之苦，故于五欲不敢爱著"，欲意离开世间"老病生死"的轮转之苦。直到"出北门遇僧人"才"豁然开朗"，而自念："我先见有老病死苦，昼夜常恐为此所逼。今见比丘开悟我情，示解脱路。作此念已，即自思惟，方便求觅出家因缘。"

"逾城出家"图（图27）出现在南壁东侧紧靠窟门的位置。画面的中心依旧是骑在马上的释迦太子，为防有声而由四天神各以双手托起马足，太子身后则是执伞盖助其出家的天神。与太子分别出东门，南门和西门不同，该画面将过梁式城门雕刻得略小，以示太子骑马越过城门而出家。

与上述连环画面不同，表现太子来到山林与爱马分别的"白马吻足"图，是以龛像的形式雕刻出来的，位于第6窟明窗西壁（图28）。山林中寂静无喧闹，太子心生欢喜，下马抚背与之告别，随从悲号啼泣，不能自胜，白马屈膝舐足泪落如雨。马通人性是古今中外盛传不衰的话题，建造者以此情节表现释迦太子出家时的离别之情，从而使故事更具感染力。龛中太子为右舒相坐于盝形帷幔之下，并作思惟状。其身后和脚下雕有起伏的山峦，表示其所处"苦行林中"。抬起的左脚下，雕刻了身负搭鞍，前腿跪地，低头舔舐太子右脚的爱马"犍陟"（马的头部被盗）。"人"和"马"的依依惜别表现得淋漓尽致，产生了"此时无声胜有声"的艺术效果。

下一部分是"降魔成道"。在神奇出生和优秀成长的基础上，释迦牟尼俨然文武双全而慈悲善良，降魔成道就成为顺理成章的必然结果。这部分内容以西壁中层坐佛龛（图29）为平台进行表述。

虽然画面处于易风化区而损毁严重，但其残存形象仍然是云冈同类型画面中雕刻得最为丰富的一幅。龛内坐佛

054

图 26　第 6 窟东壁下层南段

图 27 第 6 窟南壁东侧下层"逾城出家"

图 28 第 6 窟明窗西壁 "白马吻足" 龛像

图 29　第 6 窟西壁中层"降魔成道"

身躯敷泥施彩，头部保存完整，面容慈祥略带微笑，头顶肉髻花纹右旋，右手施无畏印，左手呈降魔印。佛龛两侧下部风化严重，仅见南侧的人物形象的头部。以此推测，两侧各有人像5身，应是魔王、魔子和魔女等人。佛龛两侧中部和上方，布满了手持各类武器、面向佛陀作袭击恐吓状的"妖魔鬼怪"。

出现这样的场面，是因为"知是菩萨必成道相"。由此"天龙鬼神皆悉欢喜，清凉好风从四方来，禽兽息响树不鸣条，游云飞尘皆悉澄净"，太子如此"坐阎浮树下四十八日，观树思惟感动天地"，也震动了"魔宫"。于是，"上震大雷，雨热铁丸，刀轮武器，交横空中"。诸多妖魔鬼怪的形象塑造，将经文中魔王一众加害释迦的场面表现得淋漓尽致。释迦菩萨以佛法降服魔王兵众，"于诸法中禅定自在，悉知过去所造善恶，从此生彼"，在阎浮提内成就佛道。

下一部分是"初次说法"，这是释迦牟尼成佛后第一个辉煌时刻。佛陀鹿野苑初次说法，标志着释迦创始佛教

图 30　第 6 窟东壁中层"初次说法"

的完成。该内容以东壁中层三间式坐佛龛（图30）进行表述。

盝形格内雕六体护法飞天，龛楣左右隅置四护法夜叉，保卫着佛的尊严；明间垂幔下，佛陀结跏趺端坐其中，右手施无畏印、左手结与愿印手，合为"说法相"。左梢间雕四位供养天人和三位闻法世俗供养人，右梢间雕二位供养天人和五位闻法僧人，这五位僧人就是首次闻法的憍陈如等五人。佛陀膝下中央的方形台面上，由扁平梯形托盘盛放了三个垒成"品"字形的素面圆盘，是为"三宝"象征物，即"婆迦婆为佛宝，三转十二行法轮为法宝，五跋陀罗为僧宝"。"三宝标"左右各有卧鹿，表示释迦佛陀初次说法的地点在鹿野苑。卧鹿身后，一侧雕2身跪状供养人，另一侧雕胡跪状供养夜叉。

故事的最后是"般若涅槃"，以中心塔柱（图31）为载体进行表述。

以卧佛形式表现佛的涅槃，是包括印度和犍陀罗艺术在内的佛教艺术中常见的表现形式。中国莫高窟第158窟和大足宝顶山大佛湾石刻第11号都有规模庞大的卧佛。但

图 31　第 6 窟中心塔柱

游问云冈

在云冈，卧佛这种雕刻形式仅出现在北魏晚期，且数量很少（第 11 窟，第 35 窟和第 38 窟各有 1 例），并出现在不显眼的位置（图 32）。可这并不代表云冈石窟没有表现佛的涅槃。

作为皇家佛教石窟寺院的设计雕刻者，北魏的佛教领袖努力将宗教与皇权进行有机的融合。印度早期佛教艺术中还没有佛陀形象出现时，多以佛塔象征佛的存在和涅槃。如此，在北魏"佛是皇帝，皇帝是佛"的既定方针下，石窟建造者选择以佛塔象征佛的涅槃。

考古发掘显示，在石窟群东侧山顶堡墙东侧（第 5、

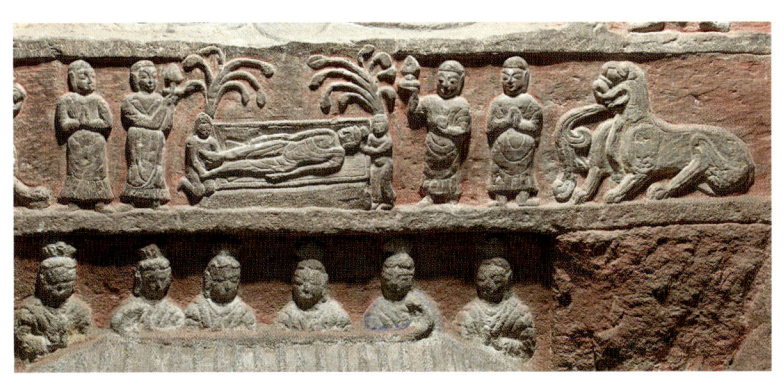

图 32　第 11 窟西壁中层中段卧佛像

6窟上方）和堡墙西侧（第 39 窟以西），乃至西与云冈隔河相望的鲁班窑石窟山顶，都发现有北魏至辽代的寺院遗址。而这些早期寺院，均以大型佛塔作为供养和礼拜中心。山下石窟的佛塔分布更广：首先是 8 座塔窟之中心塔（第 1、2、4、5、6、11、13、39 窟），既有如第 11 窟的外来样式，也有如第 1、2 窟，第 6 窟等洞窟的东西合璧形式，还有像第 39 窟的中华传统阁楼样式（图 33）等。其次是矗立在洞窟外壁的塔，形式多样。如第 1、2 窟窟门东西的单层石塔，第 3 窟前室顶上平台东西的三层圆雕石塔，第 5、6 窟外壁的三座九级石浮屠，以及第 9、10 窟前室东西的两座九级塔（西塔约在北魏开凿时崩塌）等。再次是洞窟内部壁面浮雕塔，数量众多且丰富多姿，现存 140 多座。主要出现在第 1、2 窟，第 5、6 窟，第 7、8 窟，第 9、10 窟和第 11、12、13 窟等中期大型洞窟内的壁面上。

云冈石窟大量的佛塔塑造，不仅是佛涅槃的象征，而且作为中国最为古老的塔样形式，具有极为重要的历史、建筑和艺术价值。

图 33 第 39 窟中心塔柱

二、第 7、8 窟

第 7、8 窟位于云冈石窟群中部，是继昙曜五窟之后开凿的一组双窟。二窟外观宏伟，各具窟门、明窗，壁阔约 22.5 米，中央及两侧凿出三道石墙，构成双窟前室。中墙南端为赑屃驮碑，残高约达 10 米，文字早已风化全无；外侧二墙南端内折斜抹，对称形成以丰碑为中心的双窟外

图 34　第 7、8 窟外景

壁。从丰碑两侧进入的东西前室，原本没有屋顶，但在北魏以后的漫长岁月中大约有过木构搭建。今天我们看到的第7、8窟窟檐，便是依靠北壁和前室三墙架建而成，分别为两座硬山式木结构单坡阁楼，上下三层，面阔三间，高约17米。第8窟的窟檐，是1993年按照第7窟的清代阁楼样式重新修建的（图34）。

游问云冈

第 7 窟和第 8 窟有哪些精彩之处呢?

两窟后室的南壁都雕出 6 身供养天人,被人们称为"云冈六美人"。

最叹为观止的笑容出现在第 8 窟后室南壁明窗西侧,它是 1 身立姿供养菩萨像。

图35 第7窟后室南壁供养天人特写

作为双窟,第7、8窟后室北壁上下两龛,分别为弥勒龛和二佛并坐龛。两个后室的南壁基本保存完好,窟门上方的方形龛内,都雕出6身供养天人,因其面容俊俏、姿态优雅,被人们称为"云冈六美人"(图35)。

图 36　第 7 窟后室顶部平棋藻井

　　两窟的后室顶部都雕出平棋藻井（图 36），藻井内外身形优美的飞天翩翩起舞。为体现设计上的相互呼应，第 7 窟顶部中央格内为二飞天手托摩尼宝珠（图 37），第 8 窟顶部则为二飞天手托博山炉（图 38）。

　　第 7 窟后室南壁窟门左右雕出的塔柱（图 39），源自犍陀罗艺术中的塔柱形式。佛塔各层都雕刻出 2 身相互嬉

图 37 第 7 窟后室窟顶飞天托举摩尼宝珠

图 38 第 8 窟后室窟顶飞天托举博山炉

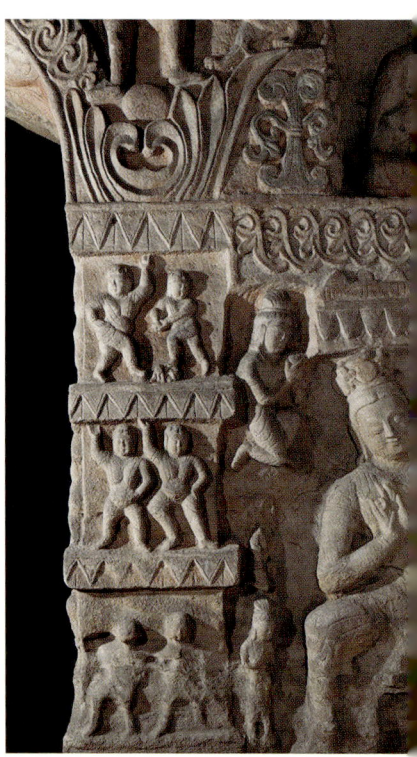

图 39　第 7 窟后室窟门左右侧塔柱上层

戏的童子像，其中，保存完好的窟门西壁塔柱最上层的两个形象，不仅造型生动有趣，手握脚踩的形式亦表现了深刻的寓意（图 40）。

游问云冈

图 40　第 7 窟后室窟门西壁塔柱上层双夜叉

北壁上层弥勒龛内交脚菩萨两侧的狮子形象（图41），雕刻出两条前腿和下垂于前胸的鬃毛，成为云冈座中狮子的主要特征。狮子怒目圆睁、龇牙咧嘴，凸起的眉

图 41　第 7 窟后室北壁上层龛交脚菩萨左右狮子

骨和宽阔的鼻翼更显凶悍张扬。设计者将狮子毛发作卷曲状，写实性较强。此形象具有印度早期佛教艺术中狮子的形象特征。

在第 7 窟后室东壁上层南侧的盝形龛楣上隅，匠师在

图 42　第 7 窟后室东壁上层龛楣外供养比丘

一块空间局促的岩面上,"两凿三锤"地刻画出 1 身双手合十蜷曲在小小空间内的供养比丘,他眉清目秀,眼睛微闭而笑意绵绵(图 42)。可爱的孩童徜徉在自己的心灵世界里,所谓"居住面积不大,幸福指数不小",大约就是这个样子了。这幅看似粗糙的雕刻,彰显出工匠深厚的刀法刻功。

最叹为观止的笑容出现在第 8 窟后室南壁明窗西侧,这是 1 身立姿供养菩萨像(图 43)。她鼻梁挺直、弯眉细眼,嘴角微微上翘,露出 6 颗整齐的牙齿,加上两颊的一对酒窝,喜悦之情溢于言表,令人不由得倾慕而赞叹:赞叹古代匠师的艺术造诣,赞叹 5 世纪的平城辉煌!

图 43 第 8 窟后室南壁明窗西侧供养菩萨

三、五华洞

晚清以来，第9、10双窟与西邻的第11、12、13窟一起被重新彩绘，合称"五华洞"。这五座洞窟，大约与第7、8窟同时规划于献文帝与孝文帝时代，但营造完成时间不尽相同。第7、8窟率先竣工，第9、10窟紧随其后，而第11、12、13窟的建造一直延续至孝文帝太和十三年（489）左右。五华洞中，既有继承早期昙曜五窟形制的大像窟（第13窟），又出现了由中心塔柱支撑窟顶的塔庙窟（第11窟），更有融合中西建筑文化于一体的佛殿窟（第9、10、12窟）。在洞窟类型、壁面布局、造像题材、装饰图案、艺术造型和雕刻技法等方面，五华洞都达到了一个新高度。

游问云冈

游问云冈

五华洞各有何特色？

从云冈第 9、10 双窟起，石窟在沿袭印度及犍陀罗艺术的同时，恰到好处地将中华传统建筑艺术融入其中，形成中西合璧的新型艺术形式。

第 9 窟和第 10 窟雕刻了不少佛教因缘和本生故事。第 10 窟后室南壁的窟门装饰，成为洞窟中最引人入胜的艺术作品，是云冈石窟化生形象中雕刻最精美的一处。

第 11 窟东壁上部保存有云冈石窟中时间最早、文字最多的造像碑记。第 12 窟雕刻出大量乐舞形象，人们称其为"音乐洞窟"。第 13 窟本尊是高达 13 米的交脚菩萨像，奇特的是菩萨右脚面出现了两颗与云冈砂岩石不同的黑色石子。

图44 第9、10窟外景

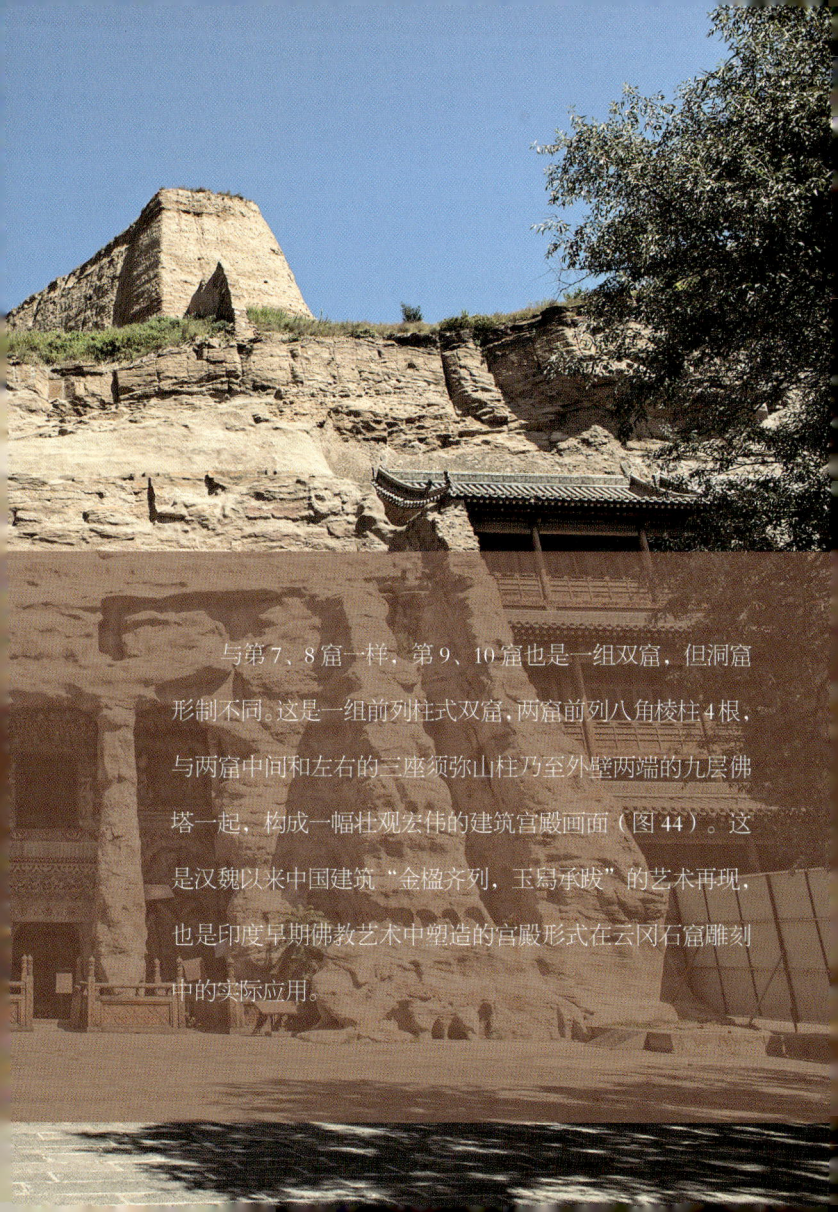

与第7、8窟一样,第9、10窟也是一组双窟,但洞窟形制不同。这是一组前列柱式双窟,两窟前列八角棱柱4根,与两窟中间和左右的三座须弥山柱乃至外壁两端的九层佛塔一起,构成一幅壮观宏伟的建筑宫殿画面(图44)。这是汉魏以来中国建筑"金楹齐列,玉舄承跋"的艺术再现,也是印度早期佛教艺术中塑造的宫殿形式在云冈石窟雕刻中的实际应用。

图 45　第 9 窟前室北壁窟门及门楼

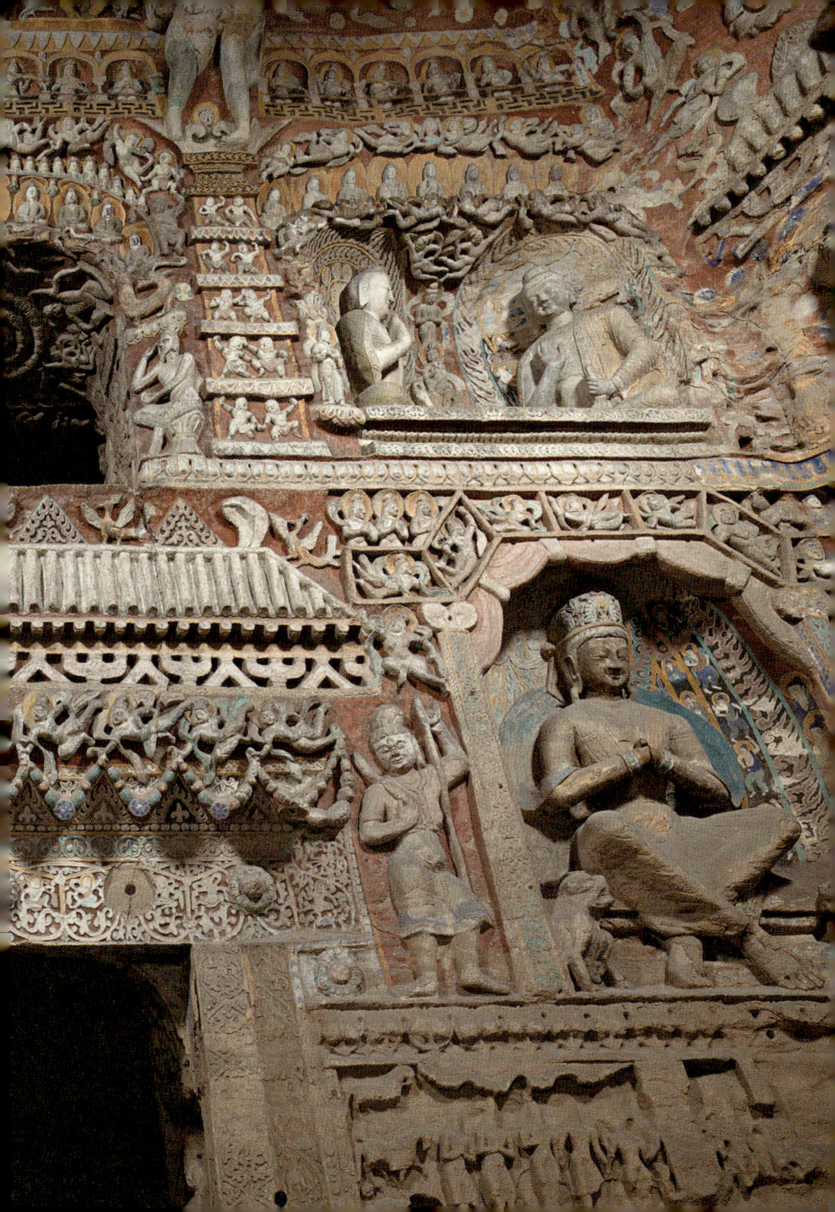

来到第9窟,首先映入人们眼帘的是中央窟门及采用中国传统样式的仿木瓦垄屋顶门楼(图45)。就第9窟的窟门而言,从外边看,这是一个中国传统的过梁式方形门;从里边看,则是一个印度式圆拱形窟门。中西合璧的窟门形式成为多元艺术的典范之一。从云冈第9、10双窟起,中国石窟寺在沿袭印度及犍陀罗艺术的同时,恰到好处地将中华传统建筑艺术样式融入其中,形成中西合璧的新型艺术形式。门楼雕刻更是内容丰富、无比华丽,其雕刻面积达到15平方米。瓦顶以一斗三升"人"字栱雕刻支撑,屋脊上雕刻鸱尾一对,忍冬纹三角火焰图案4个,三角火焰图案之间和垂脊上各雕1只金翅鸟,两侧垂脊出檐处雕刻了飞天。门楼中的雕刻内容还有中央博山炉1只,两侧对称手牵璎珞的8身飞天,璎珞间亦雕刻三角火焰图案,其下为高浮雕立体式莲花门簪图案,飞天与门楣两侧各雕立姿金刚。

与第9窟窟门上方的门楼不同,在第10窟前室北壁的窟门上方,还有一座须弥山图(图46)。在约9平方米的面积中，出现了三层山峦。最下层的山峦间，有 12 位手牵璎珞的化生童子，山峰中有奔跑、跳跃或飞行的鹿、虎、猪、狐、兔、鸟等动物雕刻和树、花等植物雕刻。第二层山峦雕刻了 10 个层叠状山峰，每峰内雕刻一只动物或一株植物，似有熊、鹿、鸟和树、花等。第二层与第三层山峦间雕刻二龙缠绕图，龙身缠绕 4 层，龙首分别朝向东西。龙身上方为第三层山峦，这些山峦雕刻得高低错落，形成一片，下呈锅底形，上呈平行状与明窗相接。在层层叠叠的 30 多个山峰中，雕刻了鸟、猪、兔、猴、虎、鹿、狼、狐以及树、花等物象。须弥山东西两侧各雕有多头多臂、高举日月的阿修罗王。

观赏第 10 窟后室南壁的整体设计，其中的窟门装饰，成为洞窟中最引人入胜的艺术作品（图 47）。门楣内以莲花化生为形象的 5 个门簪雕刻，跃然生动地表现了佛教化生形象，是艺术装饰在云冈的最佳体现，是云冈石窟化生形象中雕刻最为精美的一处。5 个高浮雕莲花化生像，似"天外来客"居于布满花纹图案的门额上。他们依托莲花，由

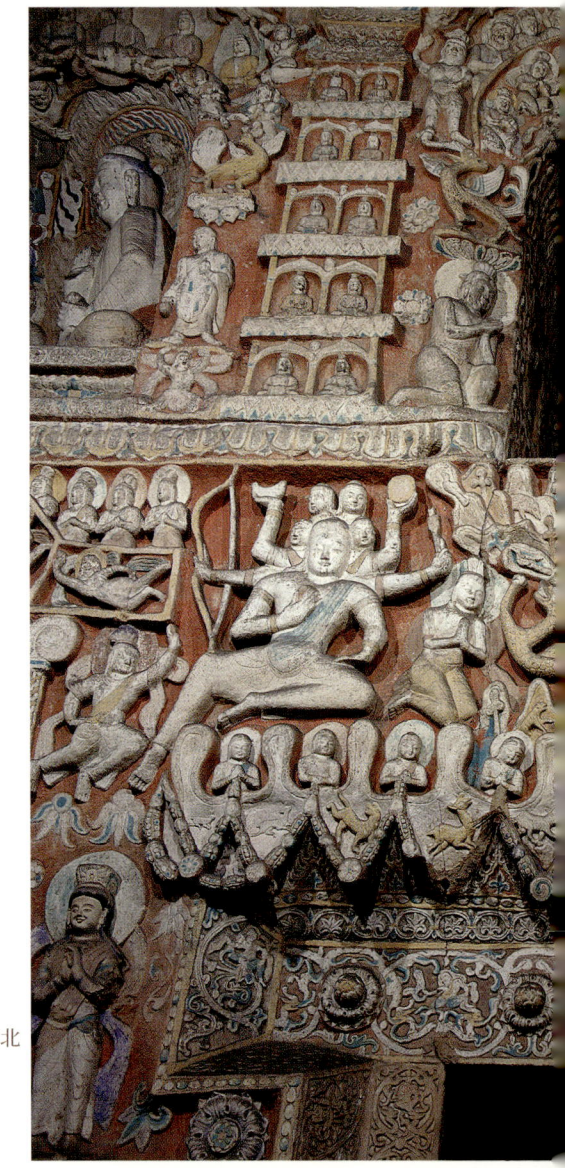

图 46　第 10 窟前室北壁窟门上方须弥山图

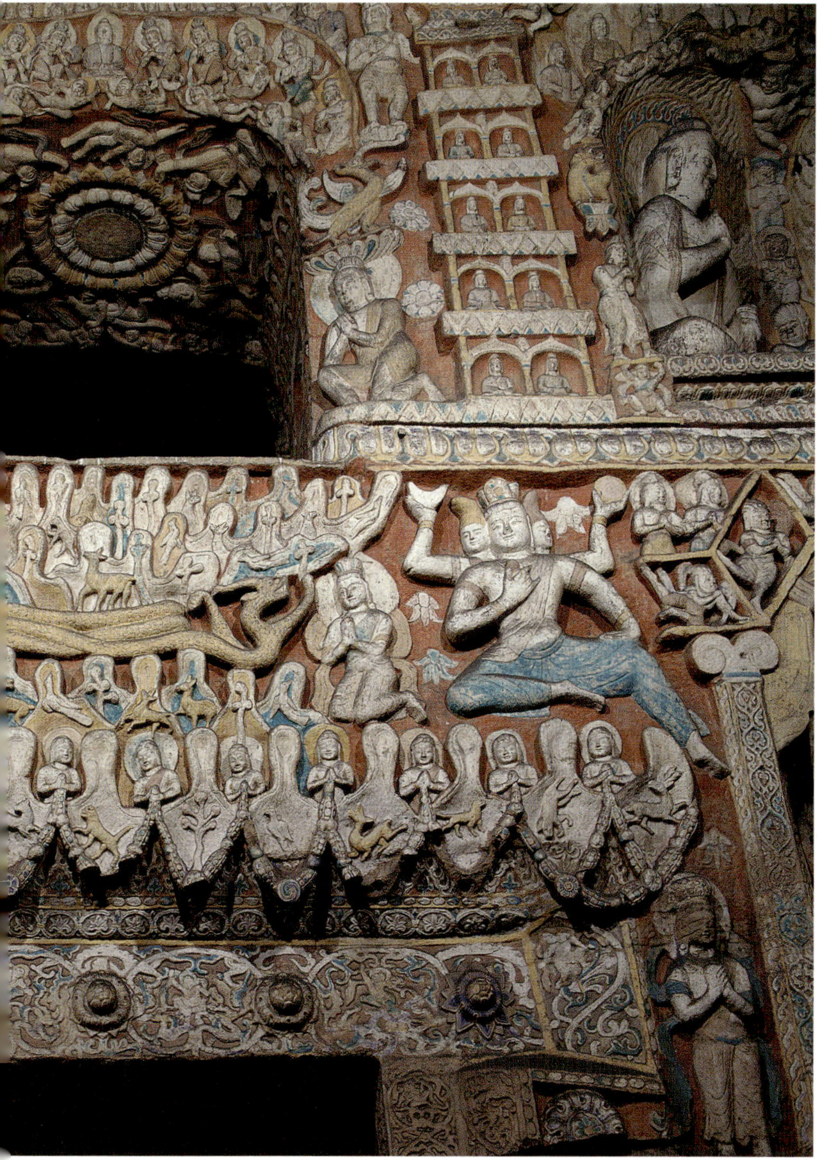

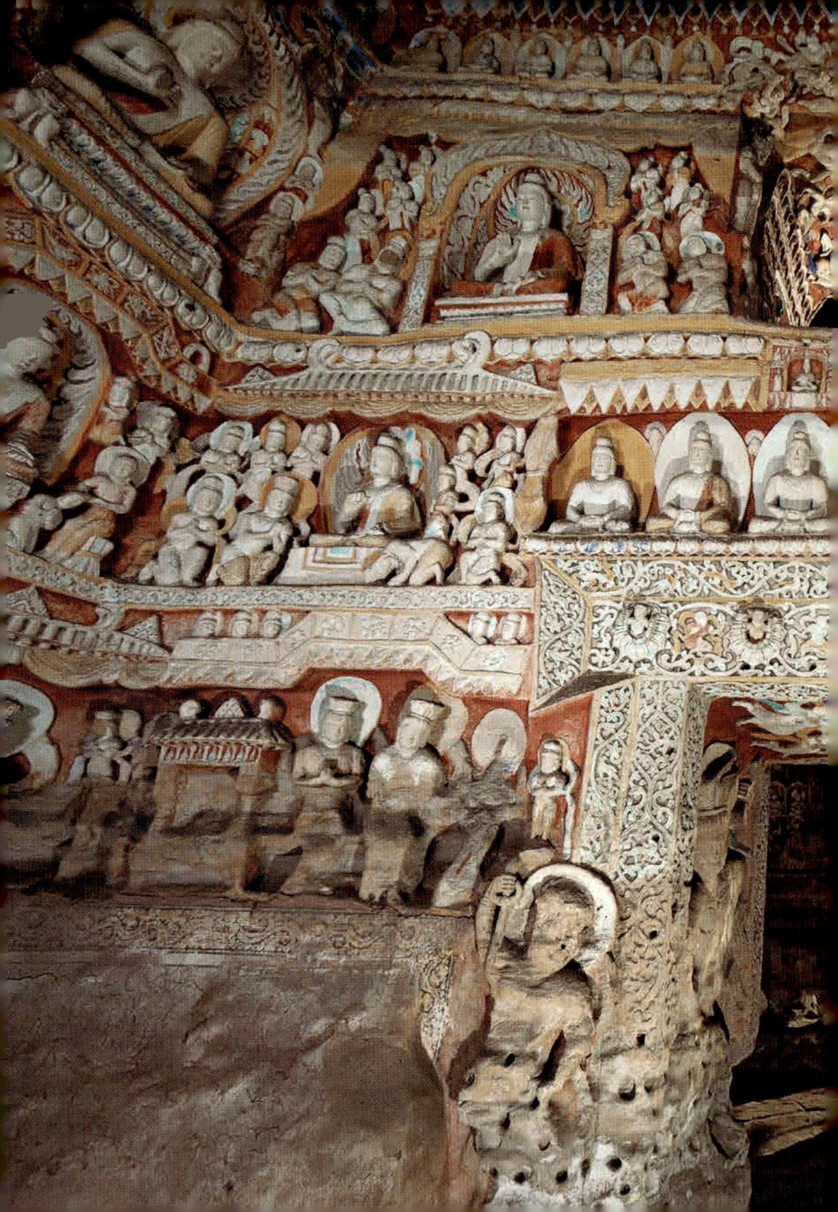

图 47　第 10 窟后室窟门

莲花中央向上伸出头部和胸部，显得活泼可爱、神采奕奕。

第9、10双窟前室东西两壁上层雕刻的三间式屋形龛，开创了云冈石窟龛式发展的新纪元，也是佛教石窟艺术进一步中国化的直接表现。屋形龛均以中国传统瓦垄屋顶覆盖，并以仿木结构在檐下雕刻了一斗三升"人"字栱。屋形龛或由两根西式的出檐式方柱或由中式的八角棱柱分为三间，间内凿出象征弥勒的交脚佛像，实现了建筑艺术的中西合璧（图48）。

两窟前后室的窟顶也都雕刻得异常华丽。变化多样的平棋藻井，十字形高浮雕乳钉状莲花，面貌凶悍手擎梁枋的腾空夜叉，更有平棋格内双手托举团莲的天夜叉和梁枋上婀娜多姿的紧那罗，描绘出一幅幅美丽绝伦的中西合璧图画（图49）。

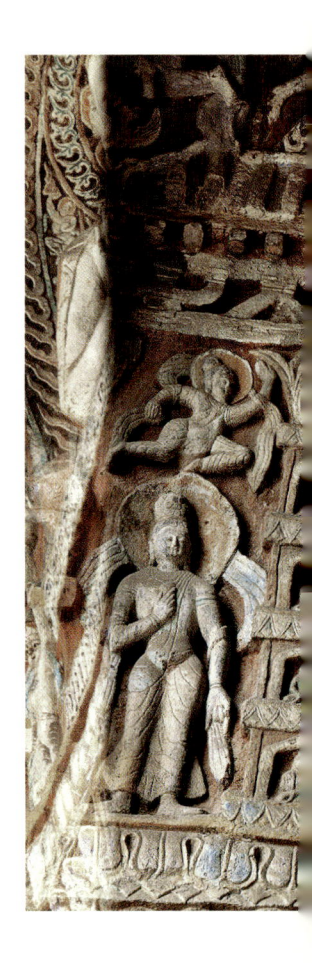

游问云冈

图 48　第 10 窟前室东壁上层交脚佛像屋形龛

图49 第9窟前室顶部

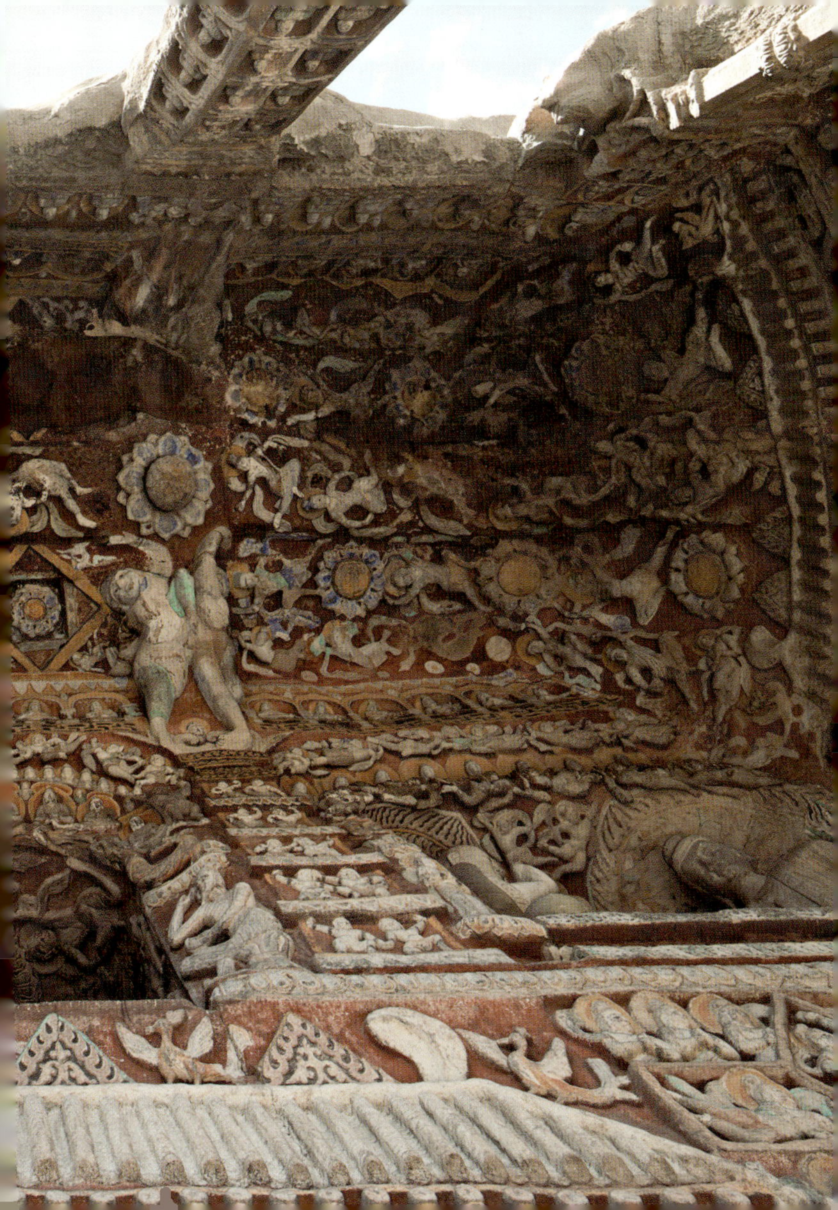

在第9、10窟，摩尼宝珠和博山炉以更加艺术化的形式被置于窟门顶部。第9窟的摩尼宝珠，底座由莲瓣组成，火焰熊熊燃烧，中心有六条刻线（图50）；第10窟的博山炉，底座由莲瓣、忍冬、联珠层层装饰，博山层叠的桃形炉体两侧，极具装饰意味地雕刻了一对"S"形忍冬作为"支撑"（图51）。这里的摩尼宝珠和博山炉，成为第9、10双窟乃至云冈艺术中装饰意味最为浓厚的象征物。

在第9窟前室腰壁眼睛容易观察到的高度，出现了以连环画的形式表现的"睒子本生"故事图（图52a—图52d）：睒子隐居修行，奉佛孝亲，却不幸误中了国王的毒箭。当时，睒子的父母年迈失明，生活全靠睒子维系，而他自己又生命垂危，但睒子仍坚持道行，忍受着命运的不公。睒子的父母呼天抢地，似更符合常人心态，终于

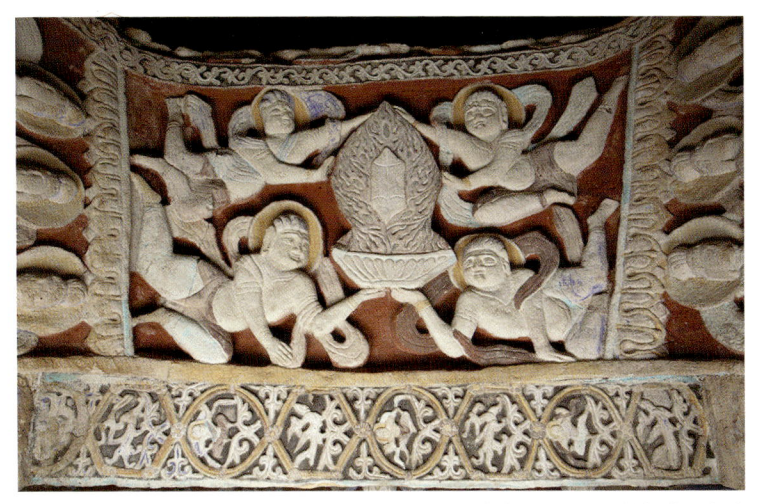

图 50　第 9 窟窟门顶部飞天簇拥摩尼宝珠

图 51　第 10 窟窟门顶部飞天簇拥博山炉

图 52a　第 9 窟前室西壁睒子降生

图 52b　第 9 窟前室西壁睒子与父母入山修道

图 52c 第 9 窟前室西壁睒子在山中与兽为群

图 52d 第 9 窟前室北壁睒子被迦夷国王误射

097

感动上天，使睒子恢复如初。国王因此推行佛法，天下大治。故事中，父母亲对儿子的深爱痛惜，给人留下了深刻的印象。

第 9 窟后室壁面上也雕刻出不少因缘故事图。其中，南壁东侧中层的二兄弟出家因缘图（图 53），讲述了一个弟弟因嫉妒而加害哥哥，之后自己受到佛法惩罚的故事。南壁西侧上层的尼乾子投火因缘图（图 54），是一则讲述佛陀的神力和慈悲之心的故事。在南壁西侧中层的鬼子母失子（图 55）故事中，鬼子母及其丈夫老鬼神王般阇迦有上万个力大无穷的儿子，但他们凶残暴虐，以世人的孩子为食。人们将其视为祸患，并寻求佛陀帮助。佛陀将鬼神最小的孩子"嫔伽罗"盛入钵中，鬼子母到处寻找而不得，听说佛陀有一切智慧，便求于佛陀。佛说，你有上万儿子，仅失一子，何故苦恼忧愁，而世间人民或有一子，或五三子，多被你们杀害。鬼子母自愿悔改，向佛保证，只要得到儿子，再不杀害世人之子，于是皈依佛门。除此以外，西壁上层屋形龛内二人跪坐于莲花台上托钵用食的画面显得非

图 53　第 9 窟后室南壁东侧 "二兄弟出家因缘"

图 54　第 9 窟后室南壁西侧 "尼乾子投火因缘"

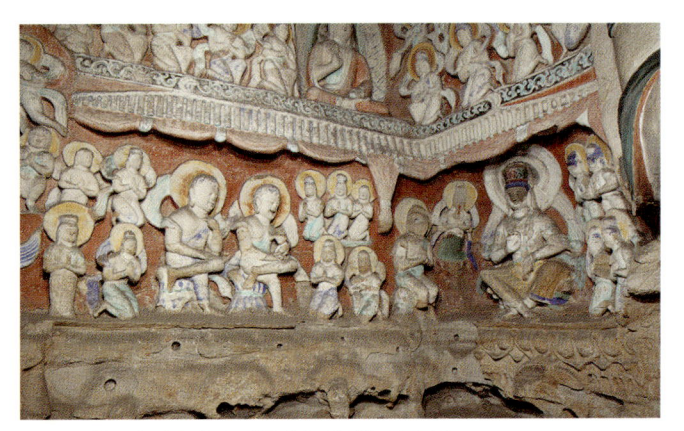

图 55 第 9 窟后室南壁西侧"鬼子母失子因缘"

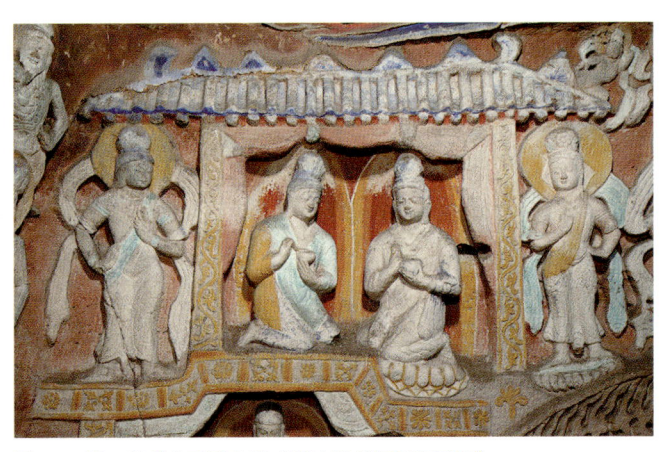

图 56 第 9 窟后室西壁上层"须达长者妇获报因缘"

常温馨（图56）。如此用餐的图像，在云冈仅此一幅，是为"须达长者妇获报因缘"的故事。在《杂宝藏经》中讲了这样一个故事：贫穷的须达夫妇只有三升米，而很多人都来乞食，夫人一一施与，甚至将食物全部施舍，最后丈夫回家没有饭吃。当他得知妻子的施舍行为后表示"我们的罪过已尽，福德就要来了"，于是家中米谷、衣帛应有尽有，用之不竭。画面中，两位手端饭钵的供养者相向而跪，即是须达夫妇二人，他们身穿宽大上衣，表示有充足的锦帛用来制作衣服。二人同时以左手端饭钵，左侧一人将食具放入钵中，表示家中有吃不完的谷粮。所谓"谷帛饮食，悉皆充满，用尽复生"也。

与第9窟一样，在第10窟后室的南壁和东西两壁，也分层设计雕刻了不少因缘故事。主要有：魔王波旬欲来恼佛缘、提婆与佛的因缘、大光明王始发道心因缘、吉利鸟因缘、妇女厌世出家因缘等。

其中雕刻在东壁中层的画面，就是妇女厌欲出家因缘图（图57），是一个出自《杂宝藏经》的故事。说的是一

图 57　第 10 窟东壁第三层南侧 "妇女厌欲出家因缘"

位"端正殊妙"的女子结婚后生一男儿,此男儿长大后虽然"端正无比",但日见病态,对母亲萌生了不受控制的想法,并由此染上重病。其母欲挽救儿子的性命而有所动摇,今天宁可违背天理,以保存儿子的性命。此时"地即劈裂",儿子即将陷入地下,母亲非常"惊怖","以手挽儿"仅"捉得儿发"。最终儿子沉入地下,母亲则留在人间忏悔修行。

从画面可见,龛内中心为身着袈裟坐于须弥座的佛像,佛像一侧分三层雕刻了4身合掌供养童子像,佛像另一侧上部有两个合掌供养形象,下部即故事的主人公母子二人。母亲坐于束帛座上,她被塑造得端庄慈祥,儿子双手合掌跪于母亲膝下,头倾于母亲一侧,母亲双手握着儿子的头发,表现了"以手挽儿,捉得儿发"的情形。我们注意到画面中佛像两侧的人物,多数都雕刻有头光,只有两个人物没有头光,一个是佛像身侧的胡跪状童子，另一个是儿子。这里，尽管没有雕刻出经中所述"地裂使其沉入地下"的情形，但不为其雕刻头光，就非常明显地宣示了人物的负面形象。

第11窟是云冈8个中心塔柱洞窟中完成最早的一个，柱体呈现出明显的西方建筑艺术特征（图58）。塔柱南面上层的交脚菩萨及其两侧的思惟菩萨（图59），是象征弥勒在兜率天宫作补处菩萨的图像。塔顶四面各雕出山花蕉叶和三头四臂的阿修罗王（图60）。

东壁南端上层"太和七年造像"中的观世音、大势至和文殊三位大士（图61），乃至窟顶的八大龙王（图62），遥相呼应、意味无穷。这一根据《法华经·序品》设计的画面，无不显示了古代云冈匠师的精妙设计。

在该窟西壁中层北侧约18平方米的壁面上，呈现出一座大型七立佛屋形龛，瓦垄顶下立佛像个

图 58　第 11 窟中心塔柱

图 59　中心塔柱南面上层交脚菩萨及其两侧的思惟菩萨

图 60　中心塔柱第 3 层的阿修罗像

个褒衣博带、神采奕奕，这不仅是石窟寺七佛题材的突出表现，也是犍陀罗艺术中过去佛、现在佛与弥勒菩萨造像的中国化作品（图 63）。

游问云冈

图 61　东壁南侧上层的三大菩萨

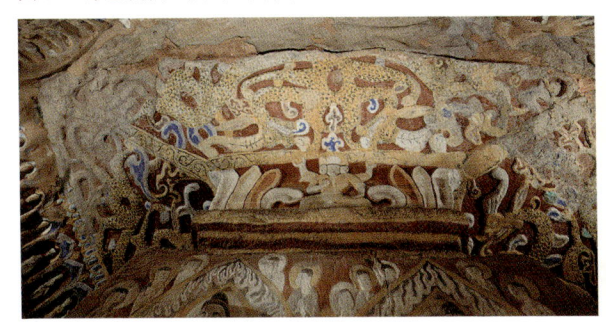

图 62　第 11 窟顶部（局部）

值得一提的是：第 11 窟东壁上部保存了云冈石窟中铭刻时间最早、文字最多的太和七年（483）造像碑记。全文 336 字，记述了当时以邑师法宗等人为首的 54 人敬造"石庙形象 95 躯及诸菩萨"的事迹（图 64）。可见，这时已有民间的佛教团体参与

图63　第11窟西壁中层屋形龛内佛像

云冈石窟的开凿。同时，这一造像题记还是研究北魏书法（魏碑体）形成和发展过程不可多得的重要材料。

继承第9、10双窟的石窟形制，第12窟也是一座前列柱式并有前后室结构的洞窟（图65）。由于该洞窟雕刻出大量的乐舞形象，人们称其为"音乐洞窟"。北壁最上层从东到西排列了14个天宫乐伎龛，龛内乐伎分别以担鼓、

图64 太和七年造像碑记

埙、义觜笛、细腰鼓、琴、箜篌、筚篥、琵琶、筝、横笛、琵琶、排箫、齐鼓、吹指等乐器演奏乐曲（图66）；天宫乐伎下，16身飞天舞伎组成与乐伎互动的舞蹈群像；明窗上边和东西两边共安排了18身持不同乐器的供养天人乐伎（图67a—图67b），天人个个面相和悦、栩栩如生；明窗以下的窟门雕饰富丽、动感强烈。千佛列像端坐门楣中，

图65 第12窟前室北壁

111

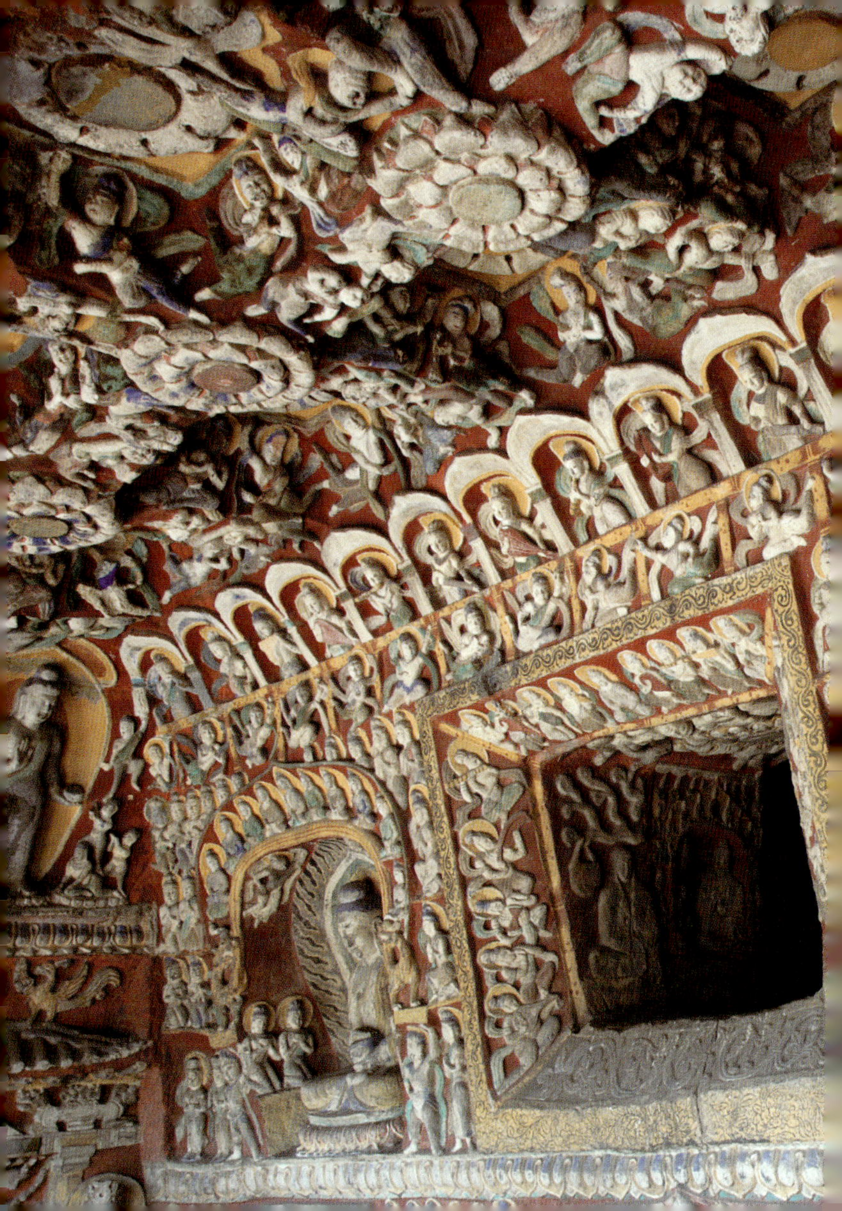

图 66 第 12 窟前室北壁上层龛像

图 67a　第 12 窟
前室明窗口西斜面

图 67b　第 12 窟
前室明窗口东斜面

上缘为一组飞天舞伎，舞者举止轻快、气韵生动、动作连贯、线条流畅，令人心旷神怡；下缘为一组飞天乐伎，怀抱各自乐器，呈编队飞行演奏状（图68）。如果说北壁的众多乐伎舞伎是宏大歌舞场面的主体，那么，窟顶的飞天歌舞

游问云冈

图68 第12窟前室北壁窟门门楣下缘乐伎

伎就是整场演出的领舞和指挥(图69a)。窟顶平棋藻井里的飞天舞伎,个个彩带飘飞、身体纤柔,环绕在11团莲花周围。南壁和东西壁列柱上方与窟顶相交之处,匠师以镂空式高浮雕安置了6身(应为7身,西壁北侧的1身塌

图 69a　第 12 窟前室顶部

毁）夜叉乐伎，其中 5 身各执一件弹拨乐器、吹奏乐器或打击乐器并作演奏状（图 69b）。另一身位于两列柱之间，扭腰耸胯、双脚交叉而立、两手合掌、两食指对拨，尤为引人注意（图 70）。他面对 170 多身乐伎舞伎，以高昂的

图 69b　第 12 窟前室顶部及南壁

热情,参与到这一盛大演出的指挥中。好一个"诸女自然执众乐器竞起歌舞"的壮观场景。

此外,前室东西两壁的两座弥勒像屋形龛都具有不同凡响的艺术设计,西壁的龛式尤为突出(图 71a)。匠师

图 70　第 12 窟前室拨指

图 71a　第 12 窟前室西壁中层屋形龛

图 71b　第 12 窟前室西壁中层屋形龛当心间人字栱

不仅将龛内的三个空间都装饰了化生和飞天手奉璎珞的图案,还将上方的斗拱塑造为兽形、兽面式(图71b—图71c)。这既是一种艺术化的装饰手法,也是护法象征的体现。

此外,在第12窟前室的各壁面还雕刻了"降伏火龙""阿育王施土因缘""布发掩泥""鹿头梵志与婆薮仙人""降魔成道""四天王奉钵""鹿野苑说法""商人奉食"等故事画面。其中,以对称形式出现在前室东西两壁上层北侧的"阿育王施土缘"和"布发掩泥"两幅图像中,都出现了小儿的形象。前者是1尊立佛和3身小儿的图像组合(图72a—图72b),3身小儿你扶我蹬,欲将手中的"以土为谷"献给伸臂握钵的立佛。后者是1尊立佛和1身小儿的图像组合(图73a—图73b),双手合十的小儿侧身以胡跪姿势立于莲花台侧,并将头顶长发铺在立佛脚下,"以发布地,令佛踏之"。

图 71c 第 12 窟前室西壁中层屋形龛一斗三升栱

图72a　第12窟前室西壁上层北侧"阿育王施土缘"

图72b　第12窟前室西壁上层北侧"阿育王施土缘"中的童子像

　　第12窟前室通往后室的拱形窟门顶部的龙形图，是云冈窟门顶部保存最完整的二龙缠绕图像（图74）。

　　龙首的健硕挺拔、龙爪的凶悍有力、龙身的自然流畅、龙形图案中忍冬叶的点缀等，都给人留下深刻印象。明窗顶部的飞天环绕团莲图，亦简洁华美（图75）。

游问云冈

图73a 第12窟前室东壁上层北龛"布发掩泥"

图73b 第12窟前室东壁上层北龛"布发掩泥"中的小儿

  第12窟的后室,依旧是一个装饰瑰丽的精妙窟室。壁面龛像对称设置,顶部平棋布局华丽,使人流连忘返(图76)。在第12窟后室南壁东侧中层的龛式中(图77a),坐佛左右各雕出背驮粮食的两匹马和两峰骆驼(图77b),应是佛传故事中的商人奉食题材。在很多佛教艺术

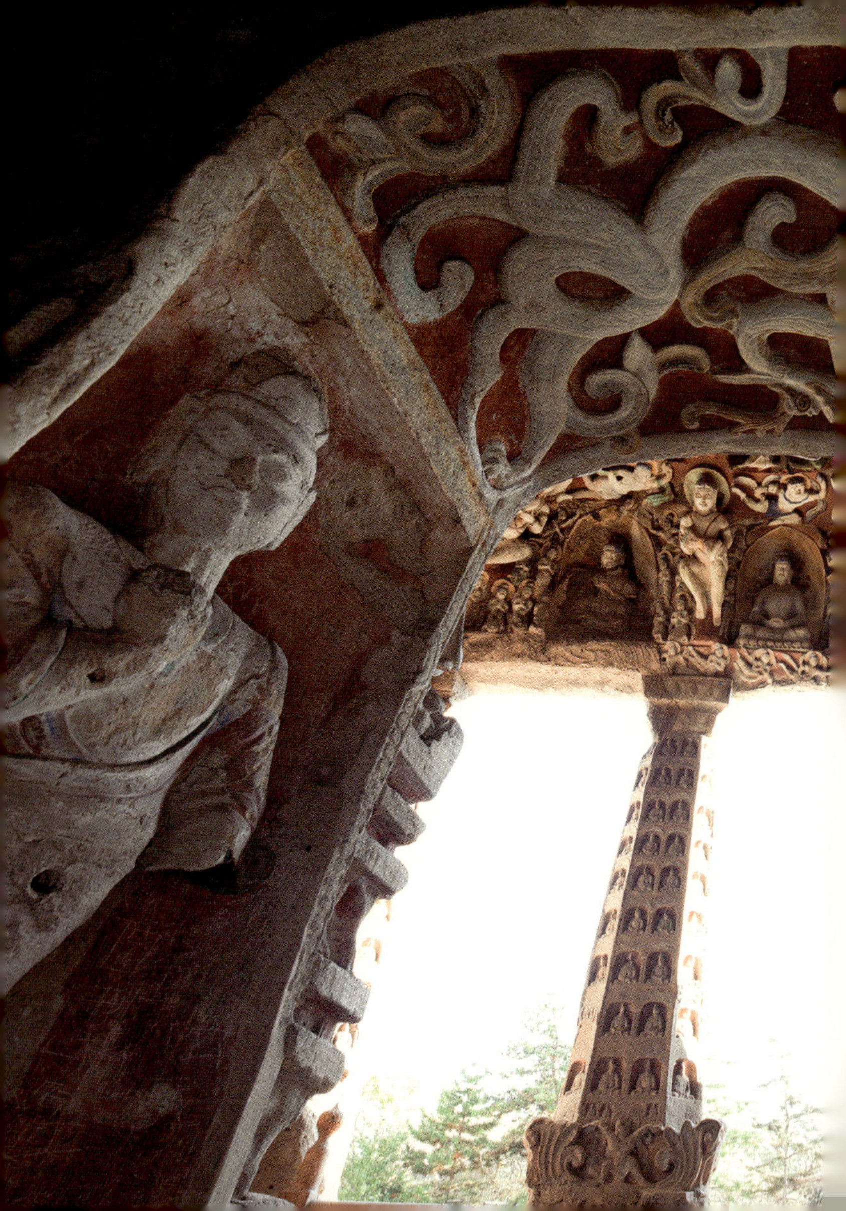

图 74　第 12 窟后室窟门

图 75　第 12 窟前室北壁明窗

游问云冈

图 76　第 12 窟后室南壁

图 77a　第 12 窟后室南壁中层东龛"商人奉食"

的塑造中，多有手握食物的造像。这里表现了骆驼和马匹将粮食送往佛菩萨之所在，亦是食物供养的体现。将这两种动物雕刻出来，从一个侧面展示了 5 世纪平城地区人们以它们为主要运输工具的社会生活。

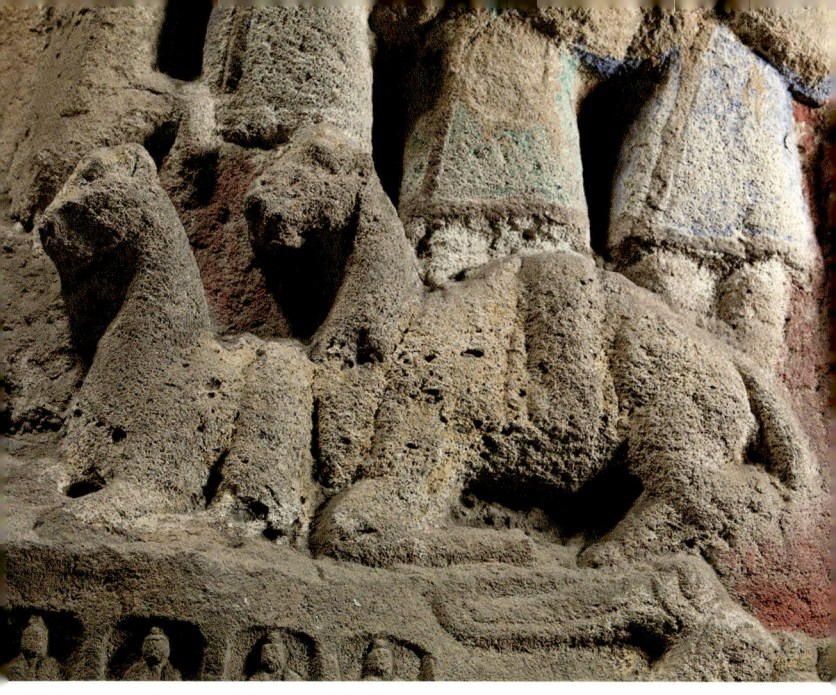

图 77b　第 12 窟后室南壁中层东龛"商人奉食"中的骆驼

第 13 窟是一座马蹄形穹隆顶的大像窟。本尊是高达 13 米的交脚菩萨像（图 78），举右手施无畏印，其掌下的四臂承托力士，既起到支撑大像悬空手臂的作用，又具有突出的艺术装饰效果，是云冈石窟雕刻中设计精妙的又一典型作品。更为奇特

图 78 第 13 窟北壁交脚菩萨

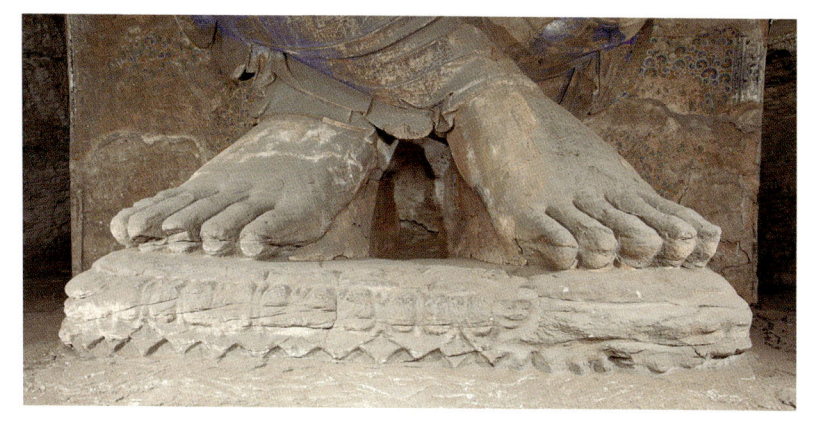

图79 北壁交脚菩萨双脚踏莲台

的是：菩萨右脚面出现了两颗与云冈砂岩石不同的黑色石子（图79）。据《魏书》记载，文成帝命人为其造像，石佛像额上、脚上各有黑石，与皇帝身上的黑痣特征相符，意为帝佛合一。

该窟南壁由于与山体隔开而少受渗水侵蚀因而保存完好。其中，窟门上方长达11米的通栏壁面上，三个瓦顶屋檐下并排雕刻了"七佛"立像（图80）。七佛像个个脚踩莲花台，身着褒衣博带，庄严肃穆、神采奕奕，无论是圆形头光及其装饰雕刻，还是舟形背光及其火焰纹雕刻，装饰意味异常突出，是云冈中晚期造像的杰出代表。

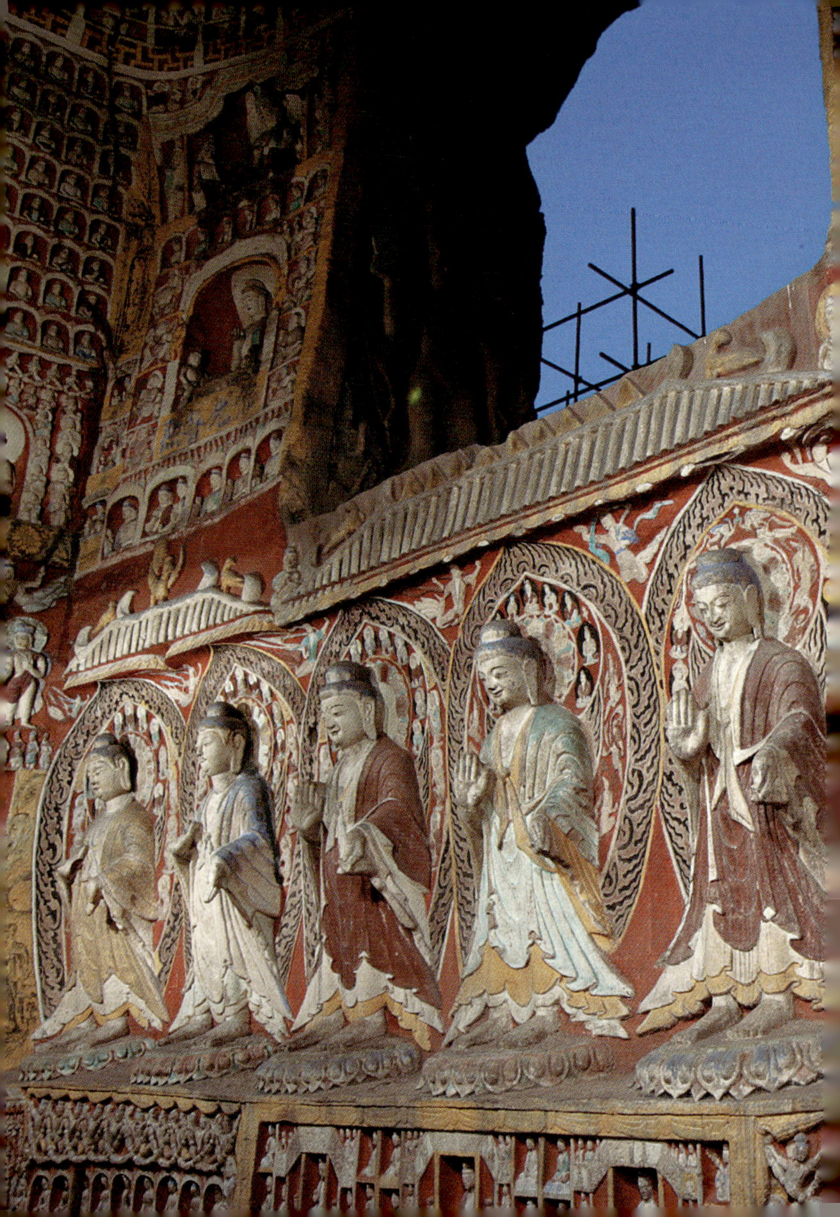

图 80 南壁窟门上方"七立佛"

在各种龛式琳琅满目的第 13 窟东壁北侧的一个角落，出现了一座独立的覆钵式塔形龛（图 81）。这是一个在坐佛圆拱龛上方叠加一个半圆形覆钵作顶的造像龛式。圆拱龛楣面雕 7 尊坐佛，2 力士托举龙首反顾楣尾，龛外两侧为胁侍菩萨，龛楣上侧和左右两侧排列着演奏琵琶、横笛等乐器的供养乐伎和众供养者形象。上方的塔形为半圆形覆钵式，中央雕刻着须弥座上蕉叶出合十童子，"山"形塔刹环环相绕，顶部为宝珠。

第 13 窟顶部不仅是云冈石窟顶部雕刻严谨华丽的一例，也是椭圆形洞窟中穹隆顶保存较好的一例（图 82a）。石像头顶与窟顶相连，其舟形背光的顶尖也雕刻在窟顶部位。同时，在火焰纹顶点处还雕刻了一组条形装饰图案，即被形容为"垂天之云"的"光云"，这种属于佛菩萨背后光芒之一又被刻画得异常华丽的装饰，多被雕刻在象征弥勒菩萨的身光上方。而云冈偶有雕刻在佛像身光上方的

图 81 第 13 窟东壁北端覆钵式塔形龛

图 82a　第 13 窟顶部

条形光云，则为素面形式。

　　顶部对称雕刻的两条巨型交首龙，应是佛教中的难陀和跋难陀两大龙王。在龙的身躯及腿爪之间，雕刻了呈圆形或椭圆形的似"珊瑚"状的云朵，在这些云朵间，时有两臂展开的天人在飞

游问云冈

图 82b　第 13 窟顶部部分龙身及云朵飞天

翔（图 82b）。整个窟顶似二龙王翻江倒海而天人出世，二蛟龙形态自然、动感强烈，画面显得饱满而热烈。

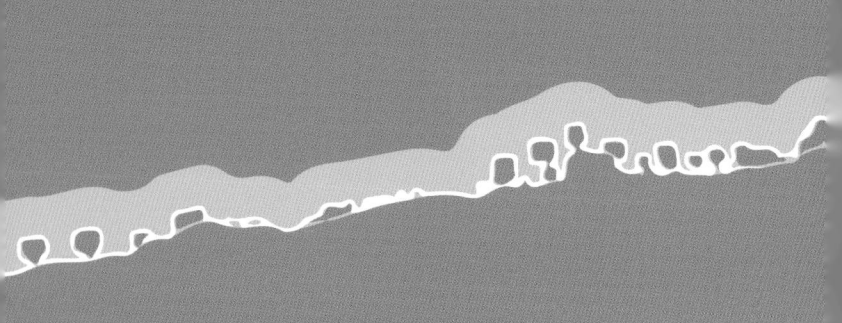

第三章

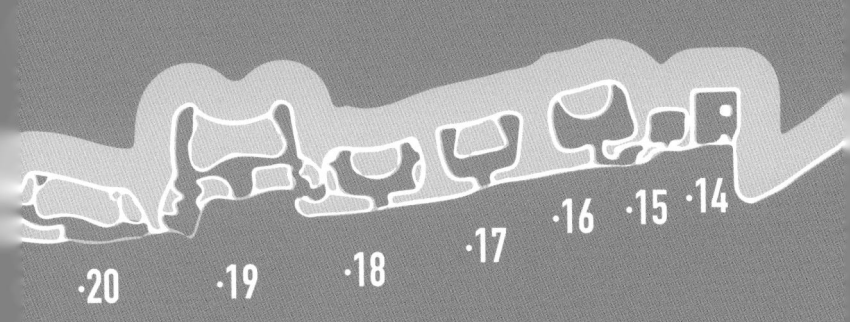

西部窟区东段石窟

·20   ·19   ·18   ·17   ·16 ·15 ·14

西部窟区东段石窟

约 120 米
主要洞窟 7 个（14-20）
附属洞窟为第 16-1、19-1、19-2

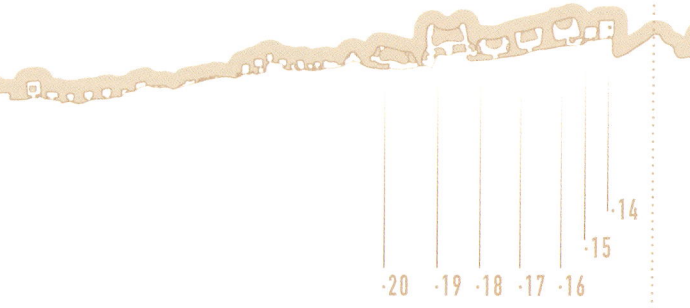

游问云冈

中部窟区

约 230 米
主要洞窟 9 个 (5-13)
附属洞窟 111 个

东部窟区

约 260 米
主要洞窟 4 个（1-4)
附属洞窟 21 个

·12 ·11 ·10 ·9 ·8 ·7 ·6 ·5   ·4   ·3   ·2 ·1

西部窟区东段长约 120 米，山崖壁面高阔平整，开凿洞窟 10 座，其中，第 14、15、16、17、18、19、20 窟为主要洞窟，第 16-1、19-1、19-2 为附属洞窟。主要洞窟中的第 14 窟和第 15 窟为云冈北魏晚期洞窟，第 16 窟至第 20 窟 5 个洞窟就是著名的"昙曜五窟"，是云冈最早开凿的石窟。

一、第 14 窟和第 15 窟

两个洞窟并排位于云冈西部窟区最东端，二窟外壁处于西部昙曜五窟立壁的延展面上。虽然窟内造像显示了北魏晚期的风格特征，但其外立壁残留的千佛形态，与昙曜五窟外立壁完全一致，表明它们曾经在北魏晚期被同时雕饰过。同时，在 1993 年的考古发掘中，人们于昙曜五窟和此两窟前的地面上发现了排列有序的长方形柱穴，这些柱穴与崖壁上的梁孔遗迹相对应。地层遗迹显示，它们也是北魏时统一建造的保护性大型建筑遗迹。

游问云冈

第 14 窟和第 15 窟有哪些令人印象深刻的地方？

第 14 窟前室西壁刻出一幅维摩经变故事画，第 15 窟有"千佛洞""万佛洞"之称，此外还出现了规模和内容完全相同的双龛组合。

第 14 窟位于西部窟区最东端的岩坡之下，长期遭受水的侵蚀。到 20 世纪前叶，洞窟前壁、列柱和窟内局部业已塌毁，石窟随时可能彻底崩塌。为此，自 1962 年起国家就开展了抢救性保护工程。1994 年实施了更为完善的加固修复工程，依据洞窟残存部分补砌了三根立柱和前壁上部的坍塌岩壁。目前呈现在我们眼前的是一座四柱式前后室形制的洞窟。

洞窟外壁为二列柱三开间形式。窟内的东、西方柱直抵窟顶横梁，石梁上留有盝形帷幔垂沿雕刻，将洞窟分为前后两个窟室。

塌毁

20 世纪前叶

石窟随时可能彻底崩塌

抢救性保护

自 1962 年起

抢救性保护工程

游问云冈

发掘

1993 年

发现立姿佛像

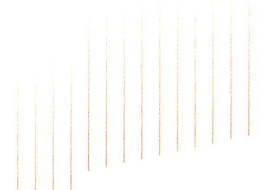

修复

1994 年

实施了更为完善的加固修复工程

在 1993 年的考古发掘中,工作人员将窟内沙土清理后,地面中央出现了一双大脚,脚后的壁面上显露出下垂的三角状衣褶,其上略显凸出的下半身轮廓也更明确。随着清理面积的扩大,一个高近 0.3 米、东西直径约 3.2 米、南北半径约 2 米的高浮雕莲花台面跃然而出。顺着北壁向上观察,穹隆顶北侧左右均残存了身光火焰纹轮廓。由此而知,这是一尊高约 7.5 米的立姿佛像。与云冈其他大像窟一样,大佛的背光几乎铺满窟顶的弧面,结合北壁两侧转角处凸出的石胎及地面上残存的 2 米多杏仁形头光,该洞窟的主像应是一佛二菩萨的组合。

在保存略好的前室西壁,我们看到了层次清楚、结构完整的龛像布局(图 83a)。壁面的中上层出现了两组结

图83a 第14窟前室西壁

构相似的龛式组合。组合形式均为上下两层：三小龛在上，为坐佛像与交脚菩萨像；一大龛在下，为二佛并坐像。装饰方面，不仅出现了层塔檐下的流苏和串铃，更别出心裁地设计雕刻出宝盖龛、方形帷幔龛两侧下垂的流苏纹等新样式。

在前室西壁第二层南侧，凿出一弧形方龛，刻出一幅维摩经变故事画（图83b）。只见维摩和文殊分坐两侧，维摩衣宽身瘦，右手举麈尾。文殊像残，但从轮廓可见其面向维摩。两者之间站立着一位菩萨装人物，左手提下垂的莲花，右手持如意，面向维摩。这应是表现《维摩诘所说经》中《观众生品》的故事内容。经云："时，维摩诘室有一天女，见诸天人闻所说法，便现其身，即以天华散诸菩萨、大弟子上……"如此，站在画面中间的菩萨装持花者，应是散花的天女。

从远处看第15窟，狭窄的窟门和明窗，仿佛被迫挤于左右两个洞窟之间。走进洞窟，东西宽约5.6米、南北进深约4.4米、高度约9.9米，果然是一个逼仄的竖型空间。

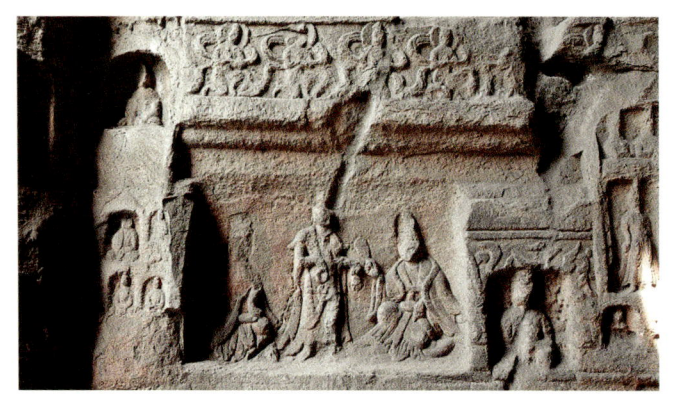

图 83b　第 14 窟前室西壁第二层南侧故事画

这样四面围合的立方体，自然令人抬头向上，仰望高远的上层空间。在那里，四壁齐耸，千佛排列，直达窟顶，给人以浩渺无垠的感觉（图 84）。因此，第 15 窟又有"千佛洞""万佛洞"或"导佛洞"等俗称。初步统计，第 15 窟现存千佛造像 13200 余尊，加上其他各类造像，总数达到 13600 余尊，占到云冈石窟现存各类人物造像总量的 23%。千佛龛像占据了超大面积，整个洞窟集中表达了平等众生皆可成佛的大乘佛教时空观。

西壁千佛像下雕出的龛像规模较大，保存相对完整。其中，南侧对称的图像十分典型。不光是上方交脚菩萨盝

图 84　第 15 窟内景

形龛及其两侧立佛宝盖龛左右一致，下方的佛龛及其周围的群像也近乎相同，这实际是由左右两组四个龛像组成的一个完整的造像单元。在云冈，由若干龛像组合形成的造像单元非常普遍，但像第15窟这样规模和内容完全相同的双龛组合则仅此一例，颇具特点。

一是主题思想的高度一致。在相同的龛像组合中，弥勒是表现的核心，包括立佛像、坐佛像、胁侍菩萨、供养天人、飞天伎乐、弟子僧侣、双狮池沼等各种内容，都是为了烘托弥勒世界的庄严与美好。

二是装饰图案多姿多彩。主要有圆拱龛楣璎珞纹、盝形龛楣飞天形、宝盖下沿帷幔纹，以及楣尾的龙形、龛柱之忍冬、龛柱下的卧狮、飘飞的莲花等图案。云冈此前诸窟造像中出现的动植物图案多有再现，共同构成了一幅胜景。

三是池沼浮雕写实生动。出现在上龛之下、博山炉双狮两侧的，是两组鱼鸟水草池沼图（图85），这是云冈为数不多的水池雕刻图案。游动的鱼儿，荡漾的五叶水草，飞翔、降落或游弋的水鸟，动感强烈，构成一幅美好的自然生态景象。

四是弟子、僧人云集。下层坐佛龛的两侧，各塑造出两列三排供养僧人形象，总共24身。除下排外侧4身护法金刚外，其余20身均为弟子像。这些雕刻在龛式两侧的高僧大德，系佛经中记述的释迦大弟子，或为佛教历史上有过重大贡献的人物。此外，两组龛像下方均设置方形铭记，并在每侧雕出4身供养人，全部是比丘形象，总共16位供养僧人。

图 85　第 15 窟西壁中层飞天与水池

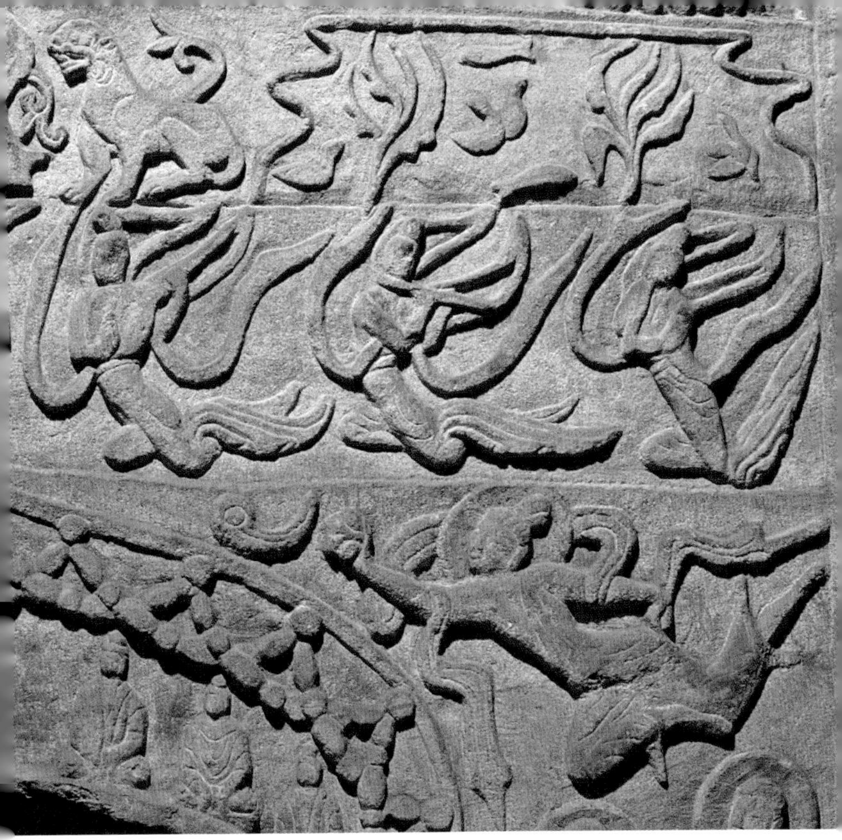

二、昙曜五窟

昙曜五窟位于石窟群西部东端,编号为第 16 窟至第 20 窟,是云冈开凿最早的 5 个洞窟(图 86)。5 个洞窟于同一水平线上从东到西一字排开,东西跨度约 120 米。窟前平坦宽大、视野开阔。雕满千佛像的外壁虽然风化严重,但仍可从残留的雕刻中,领略其原貌的壮观景象。纵观五窟,其设计之精、规模之巨、气势之大、佛像之伟,集世界佛教石窟造像之精华,聚东西方雕刻艺术之典范,成为公元 5 世纪世界上最有代表性的佛教石窟造像。昙曜五窟的 5 位主像,既是佛菩萨像,也象征北魏皇帝。

游问云冈

游问云冈

走进昙曜五窟,不可错过的精华有哪些?

第16窟主尊佛像胸前极具立体感的束结带成为其标志性的特征。第17窟本尊交脚菩萨是云冈石窟中交脚弥勒之第一大像。第18窟恢宏的气势、佛像挺拔的身姿,成为云冈最具震撼力的设计雕刻。第19窟是昙曜五窟中规模最大的洞窟,主窟内塑有高达16.8米的坐佛,是昙曜五窟第一大佛。第20窟佛像称"露天大佛",由于它最大限度地体现了云冈石窟早期雕刻的艺术精神,因而成为云冈石窟的代表作品,其也成为云冈石窟"出镜率"最高的佛像。

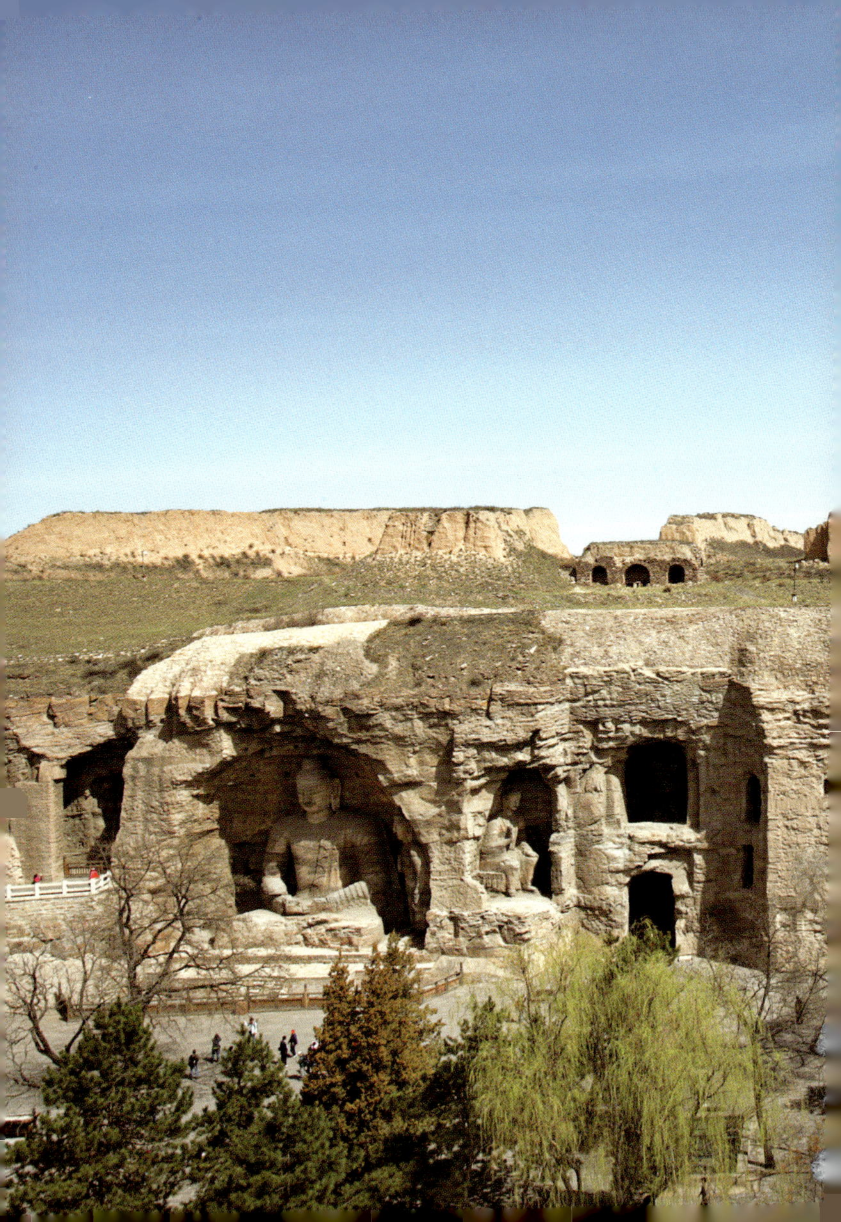

图 86 昙曜五窟外景

图 87　第 16 窟主像

游问云冈

图 88a　第 16 窟本尊右手手印　　　图 88b　第 16 窟本尊左手手印

  第 16 窟主尊为立佛像，高约 13.5 米，波纹状发髻，面貌俊秀，褒衣博带，身材挺拔。该窟虽属云冈早期石窟，但主尊佛像的造像风格及其所着服装，都显示了云冈在北魏中后期的特点（图 87）。胸前极具立体感的束结带成为其标志性的特征，身躯表面被风化剥蚀的沧桑，更加突出其彪悍的雄伟之姿，当是昙曜五窟中较晚塑造的佛像。其左右手型的塑造也逼真写实，右手举胸施无畏印（图

图 89a　第 17 窟本尊菩萨

88a），左手向前为智吉祥印（图88b）。

第17窟也是大像窟。本尊交脚菩萨高约15米，形体高大，占据了洞窟的较大面积，是云冈石窟中交脚弥勒第一大像（图89a）。该像的面部、胸腰部风化严重，双臂也已坍塌残损，但整体仍表现了薄衣贴体的外来艺术因素。上身斜披的络腋和下身的羊肠大裙，胸部的二龙纹饰（图89b）、璎珞等，均是云冈早期菩萨造像的服装、配饰风格。东西两壁分别塑造了象征现在佛和过去佛的坐佛像（图90）和立佛像（图91）。佛像肉髻高耸，面容丰满，胸肩厚实，身体匀称，挺拔健硕，慈祥威严，颇

图89b 第17窟本尊胸部二龙

具震撼的力量。东西两佛与主尊造像一道,组成了该窟以交脚菩萨为主的三世佛布局。

进入第18窟,正面及其两侧的高大立佛像映入眼帘(图92)。洞窟恢宏的气势、佛像挺拔的身姿,成为云冈最具震撼力的雕刻设计。这是昙曜五窟中雕刻内容比较

图 90　第 17 窟东壁坐佛

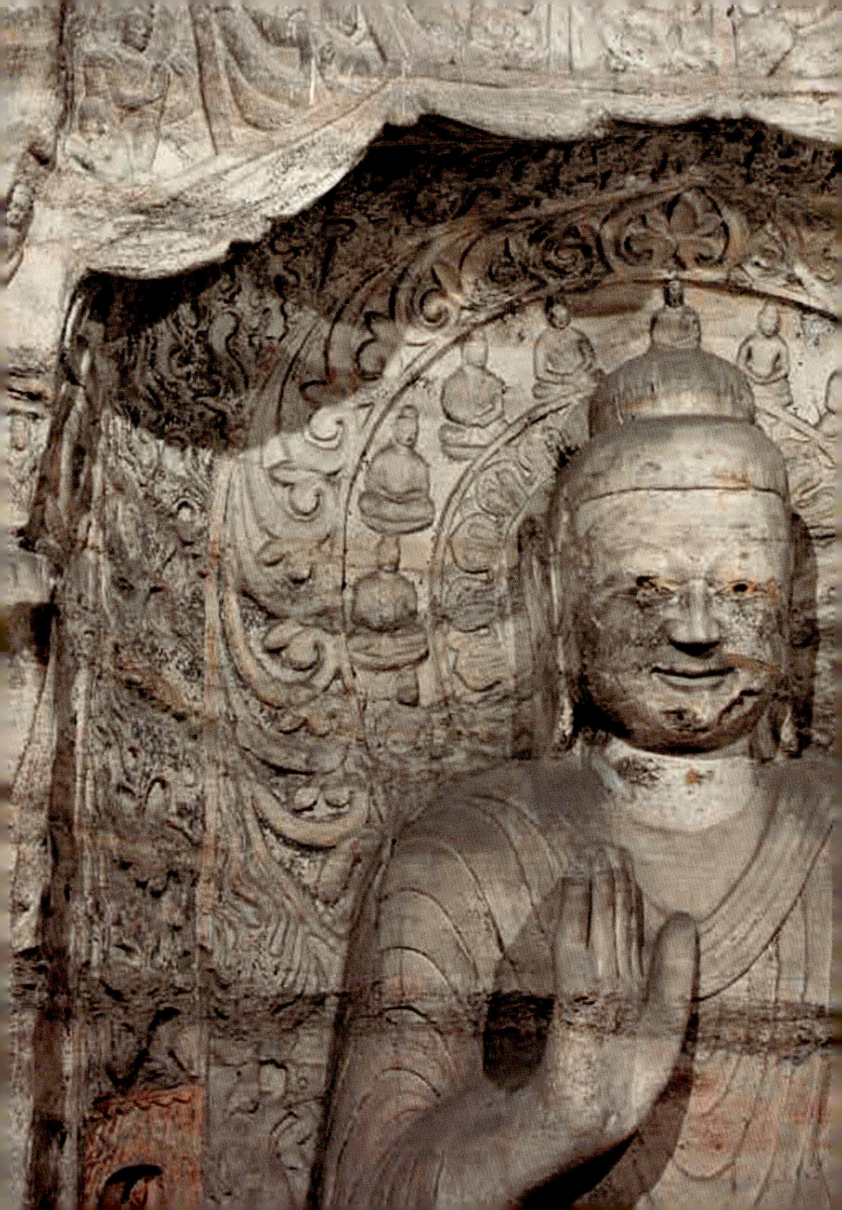

图 91
第 17 窟
西壁立佛

图 92　第 18 窟内景仰视

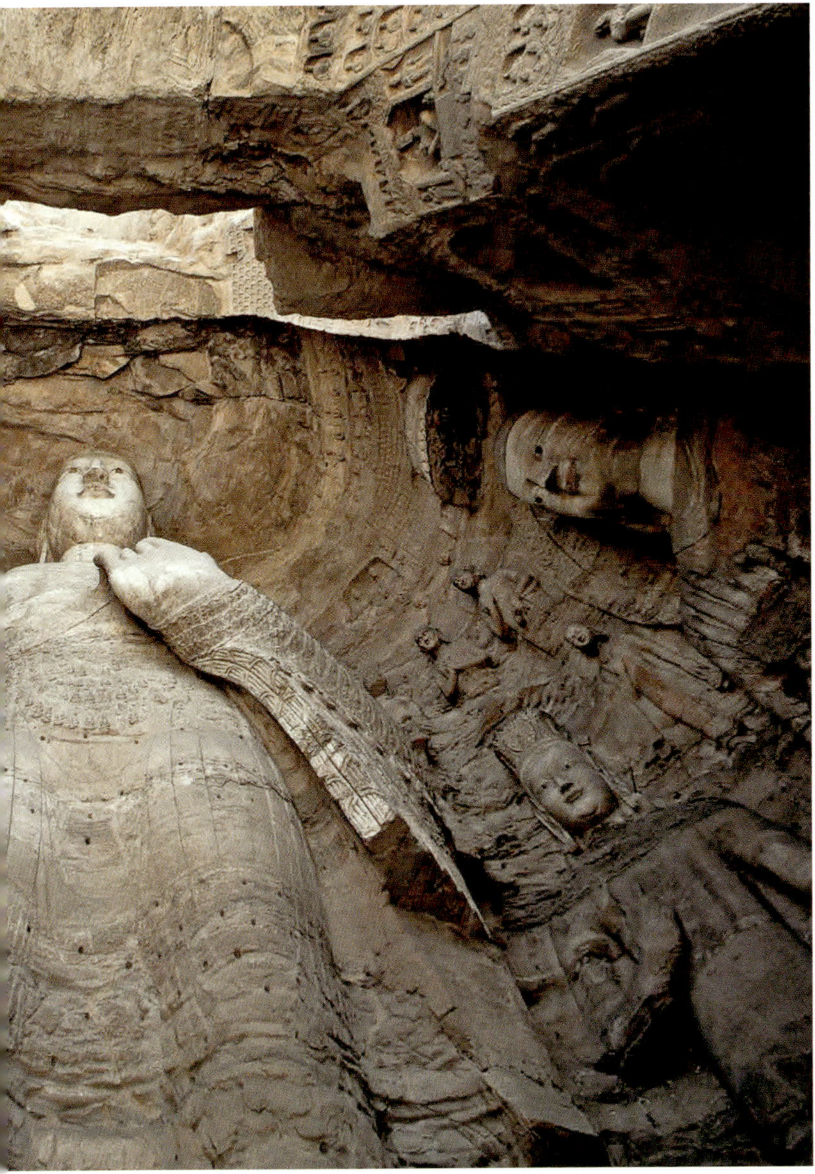

多的一个洞窟。主像为三世佛,立佛像高约15.5米,气宇轩昂,其抚胸的左手雕刻得细腻丰满,动感强烈,不失为古代雕刻中写实主义与写意主义有机结合的艺术典范。袈裟上雕满千佛和莲花化生像,称"千佛袈裟"(图93)。正如《佛说观佛三昧海经》卷四云:"此光入时,佛身毛孔,一毛孔中有一化像;一一化像身毛孔中,化成八万四千妙像,皆是三千大千世界,一切众生所希见事。"卷六又曰:"作是语已,佛心光明益更明显,从佛心端诸光明中生诸宝华。一一宝华,恒沙宝华以为眷属;一一华上,无量无边微妙化佛,方身丈六,如释迦文此相现时。佛身毛孔八万四千诸宝莲华,一一华上八万四千诸大化佛,身量无边。如是化佛身诸毛孔及

游问云冈

图 93　千佛袈裟

图 94a　第 18 窟主佛像东侧弟子群像

心光明，亦如向说。"该经讲述的虚缈世界，描绘了禅僧观佛冥想的体验：佛陀身体的每个毛孔都涌现出莲花与化佛，化佛也同样从身体的每个毛孔再释放出化佛，展现了多层重叠的佛世界。

主佛像的两侧分别雕刻了胁侍菩萨和佛的十大弟子，这是云冈石窟中佛祖释迦牟尼及其胁侍诸像最为隆重庄严

游问云冈

图94b 第18窟主佛像东侧胡相弟子

的造像组合。其中,东侧5身保存较好(图94a),他们神态各异、身姿不一、惟妙惟肖(图94b)。东西方面孔间隔分布,从一个侧面体现出5世纪的欧亚大陆人们来往互惠的社会风貌。

图 95　第 19 窟主佛像

第 19 窟是昙曜五窟中规模最大、形制组合较为特殊的洞窟。主窟内塑有高达 16.8 米的坐佛，是昙曜五窟第一大佛，也是云冈石窟中第二高的佛像（图 95）。主洞

图 96　第 19-1 窟倚坐佛

图 97　第 19-2 窟倚坐佛

图 98a　第 19 窟南壁东侧

图 98b 第 19 窟南壁西侧

东西两侧以大约45°的斜角、呈"八"字形出现了两个约4.5米高的"耳洞",分别编号为第19-1窟(东耳洞)和第19-2窟(西耳洞),洞内各置1尊大型倚坐佛像(图96、图97)。

第19窟南壁千佛像左右两侧各呈现1尊立佛像(图98a、图98b),均披通肩袈裟,为本尊坐佛的胁侍。其中,西侧的立佛左手抚摸胡跪小儿的头顶,表现了释迦成佛6年后与儿子罗睺罗见面的情景,即"罗睺罗因缘"(图98c)。立佛雄伟挺拔,小儿平静愉悦(图98d)。

图 98c 第 19 窟南壁西侧上层罗睺罗因缘立佛像

图 98d　第 19 窟南壁西侧上层立佛左手抚小儿

游问云冈

第 20 窟前立壁早在北魏时洞窟竣工不久后坍塌，使佛像露天，因此称其为"露天大佛"（图 99a）。尽管南壁崩塌，已经露天的佛像也比昙曜五窟其他洞窟的前壁向南凸出一些，使佛像格外引人注目；同时由于露天大佛的石头略呈白色，其曾经有"白佛爷"之俗称（图 99b）。坐佛高约 13.7 米，肉髻高耸、面相方圆、两耳垂肩，眉目细长、两眼炯炯有神，鼻直口方、蓄八字须、嘴角微微上翘，双肩齐挺、胸部厚实（图 99c）。其内着僧祇支、外穿袈裟袒右肩，衣纹厚重，似仿毛质衣料。该造像身材魁伟、体型健壮，身体略微前倾，更显威武慈祥。由于它最大限度地体现了云冈石窟早期雕刻的艺术精神，因而成为云冈石窟的代表作品。游人来到这里，多有留影，其也成为云冈石窟"出镜率"最高的佛像，被称为云冈石窟的"外交大臣"。

大佛两侧，原本各有立佛、立菩萨，呈三世佛、5 尊像布局，可惜今天仅存东壁一佛。东立佛高约 9.5 米，磨光肉髻，圆脸大耳，深目高鼻，着通肩式佛衣；右手举在

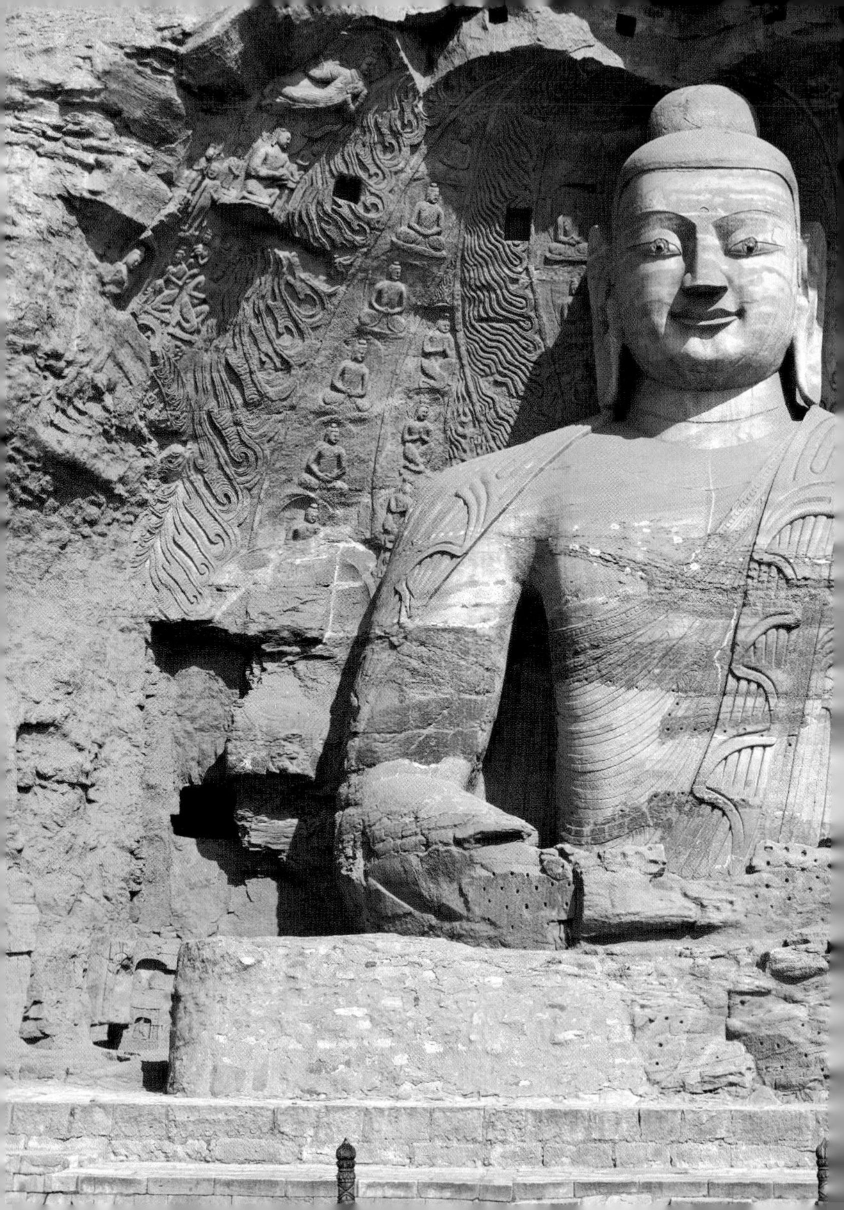

图 99a　第 20 窟

图 99b 第 20 窟露天大佛及其东胁侍佛

图 99c 第 20 窟露天大大佛面部特写

胸前，施无畏印，左手握衣角下摆，跣足立于莲台之上。其衣纹雕刻与造像特征，极具西域艺术神韵。

西壁立佛，大约当时与东立佛相对侍立，但早已坍塌无形，现在仅残留圆形头光和赤裸的双足及其莲台。由此推测，第20窟南壁的崩塌，牵连引发了西立佛的塌落。在1992年的窟前考古发掘中，工作人员于洞窟西侧坡地的探方内发现了133块佛像石块残件。这些多呈长方形的石块大小相近，许多表面带有衣纹雕刻。其衣纹雕刻线条流畅、纹理清晰，与东立佛身纹相仿，但它们均是较坚硬的砂岩石，与壁面坍塌处的疏松泥岩并不相同。无疑，这是再造的佛像衣纹石雕，经过人工结合电脑模拟拼对，尚可形成1尊立佛身躯（图100）。由此再做推测，由于坍塌石料为泥岩而无法垒砌修复，于是人们找来结实的砂岩，打造为可以搬动的长方形石块并雕出对应的衣纹，还在反面刻出相互连接的凹陷卯坑，试图以榫拼合，从而垒砌塑造出1尊与东立佛规模一致的佛像，和本尊坐佛一道，成就一铺完整的三佛造像。但因实施中困难重重而放弃这一方案，

游问云冈

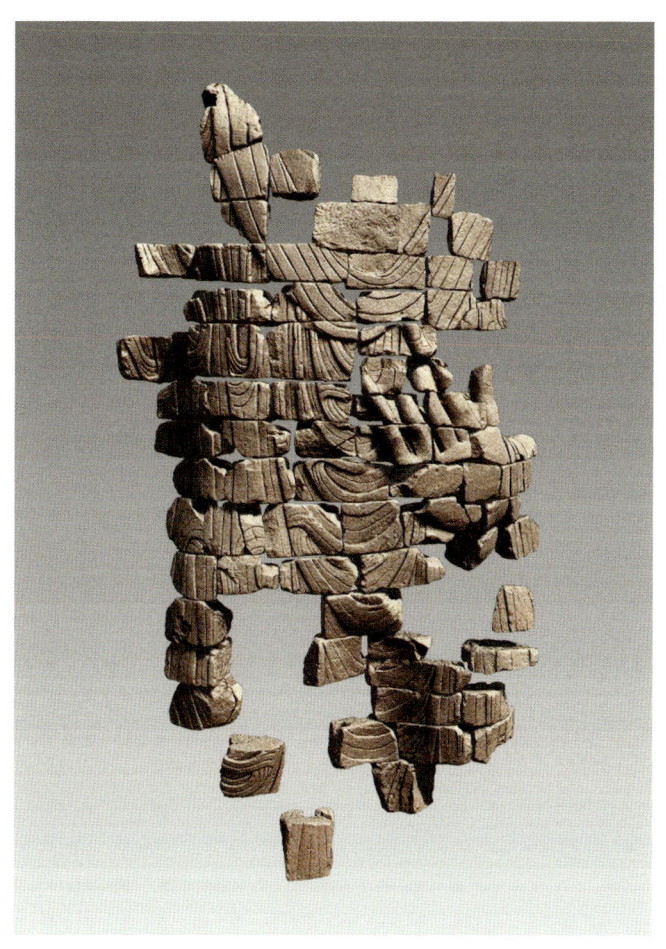

图 100 第 20 窟西立佛残块拼接图

这些雕刻了佛像衣纹的石块被有序地掩埋在前侧。由于考古发掘显示的地层特征属于北魏时期,从那时算起,第20窟大佛已经露天了15个世纪。